课思 职业能力提升系列

提升员工职业能力　增强企业竞争实力

高效执行

课思课程中心　编著

中国劳动社会保障出版社

图书在版编目(CIP)数据

高效执行/课思课程中心编著.—北京:中国劳动社会保障出版社,2014
(职业能力提升系列)
ISBN 978-7-5167-1392-1

Ⅰ.①高… Ⅱ.①课… Ⅲ.①企业管理-能力培养 Ⅳ.①F270

中国版本图书馆CIP数据核字(2014)第235006号

内 容 提 要

本书打破了传统图书的写作风格和阅读模式,采用漫画+要点+图解的形式,内容深入浅出,既可直接拿来使用,又可引人轻松阅读。

本书从任务确认、任务分析、方案制定、方案实施、跟踪检查、总结汇报六个步骤入手,全方位、多角度地展示和阐述了高效执行的秘诀。

本系列图书适合所有职场人士阅读和使用,也可作为公司培训、激励员工的指导用书。

中国劳动社会保障出版社出版发行

(北京市惠新东街1号 邮政编码:100029)

*

保定市中画美凯印刷有限公司印刷装订 新华书店经销

787毫米×1092毫米 16开本 11.75印张 177千字

2015年1月第1版 2015年1月第1次印刷

定价:28.00元

读者服务部电话:(010)64929211/64921644/84643933
发行部电话:(010)64961894
出版社网址:http://www.class.com.cn

版权专有 侵权必究

如有印装差错,请与本社联系调换:(010)80497374
我社将与版权执法机关配合,大力打击盗印、销售和使用盗版图书活动,敬请广大读者协助举报,经查实将给予举报者奖励。
举报电话:(010)64954652

员工的职业能力对于企业的发展、腾飞具有至关重要的影响。一个企业，若是不具备一支职业能力过硬的员工队伍，就很难在激烈的市场竞争中占有一席之地。

因此，提升员工职业能力、构建员工职业能力提升体系已然成为企业拥有持续竞争优势，促进企业长期稳定发展的一项必备措施。

"职业能力提升系列"针对职场中广泛应用并受到普遍重视的七种员工职业能力，进行全方位的图解展示，教方法、讲步骤、传技巧、给工具、拓思路、举案例，让读者可以拿来即用，一点就通，一学就会。

本系列丛书打破了传统图书的写作风格和阅读模式，采用漫画＋要点＋图解的形式，内容深入浅出，既可直接拿来使用，又可引人轻松阅读。

另外，本系列丛书中的七册图书能分能合，既可以有针对性地进行指导，又可以形成一个体系，进行全方位的系统指导；既适合个人根据实际需求单册购买，也适合企业作为培训教材成套购买。

《高效执行》是"职业能力提升系列"中的一本。

离开执行力，职业能力便成为无本之木、无源之水。因为干工作不能纸上谈兵，也不能做完了事。要真正做到执行一定有方法，要真正实现执行必须出结果。

本书从任务确认、任务分析、方案制定、方案实施、跟踪检查、总结汇报六个步骤入手，全方位、多角度地展示和阐述了高效执行的秘诀。

在本书的创作过程中，王淑燕、刘伟、程富建、姜娣、蔚星星、毕春月、程淑丽、姚小风、薛显东、张天骄对本书的设计思路和体系给出了具体修改意见，王胜会、徐滕、韩建国、金成哲、黄成日、金虎男审阅了部分内容，贾月、孙立宏、罗章秀、刘井学、任玉珍、魏俊芳负责插图的设计和排版，在此一并表示感谢。

编者
2015年1月

目录

第1章 任务确认 / 1

1.1 确认任务目标 / 3
1.2 确认任务地位 / 8
1.3 确认任务难度 / 13
1.4 确认任务重点 / 17
1.5 确认任务成员 / 22
1.6 确认任务期限 / 28

第2章 任务分析 / 33

2.1 决策表析任务 / 35
2.2 流程图析任务 / 41
2.3 时间矩阵析任务 / 45
2.4 分解术析任务 / 49
2.5 5W2H法析任务 / 53
2.6 SWOT法析任务 / 57

第3章 方案制定 / 63

3.1 明确目的 / 65
3.2 确定标准 / 69
3.3 搜集信息 / 73
3.4 拟订方案 / 77
3.5 评估风险 / 81
3.6 确定方案 / 85

第 4 章 　方案实施 / 89

　　4.1　运用技巧提高效率 / 91
　　4.2　科学管理执行时间 / 96
　　4.3　分解计划注意细节 / 101
　　4.4　分工协作专人专责 / 106
　　4.5　结果导向指导行动 / 111
　　4.6　积极沟通互通有无 / 116

第 5 章 　跟踪检查 / 121

　　5.1　目标锚定及时纠偏 / 123
　　5.2　遵循 PDCA 流程环 / 129
　　5.3　用检查表记录问题 / 135
　　5.4　搜集反馈反观执行 / 141
　　5.5　发现短板杜绝隐患 / 147
　　5.6　更新思路应对变化 / 153

第 6 章 　总结汇报 / 159

　　6.1　比较预期与结果 / 161
　　6.2　比较成本与收益 / 166
　　6.3　比较优势与劣势 / 169
　　6.4　汇总经验与教训 / 173
　　6.5　反思问题与障碍 / 176
　　6.6　给出承诺与期望 / 179

第1章

任务确认

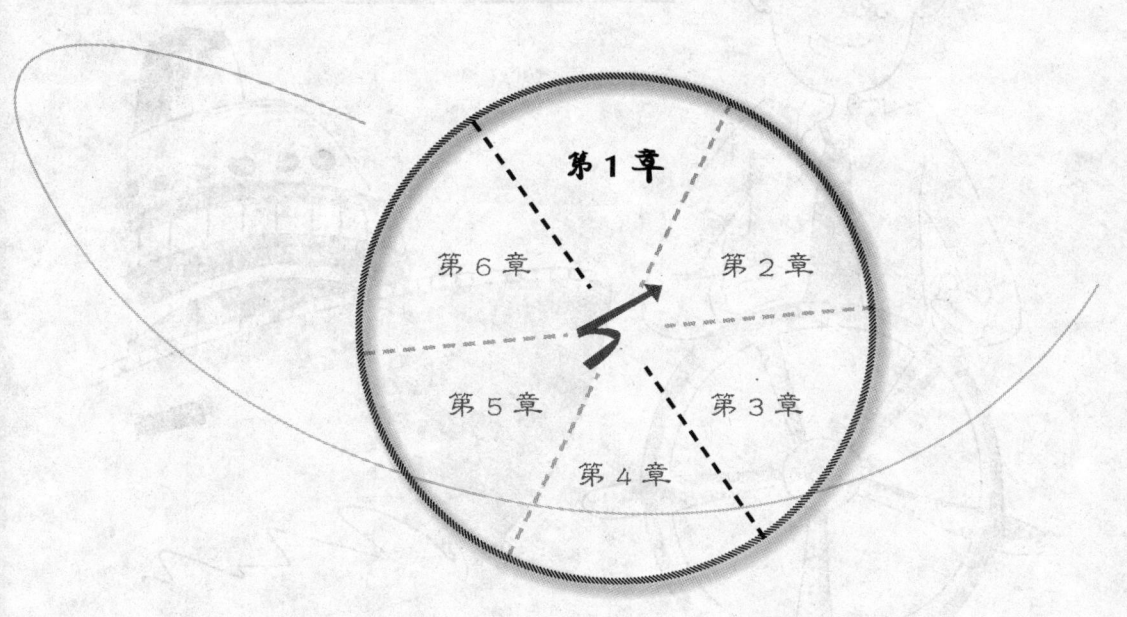

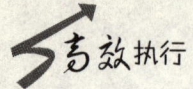

确认任务目标

确认任务地位

确认任务难度

确认任务重点

确认任务成员

确认任务期限

第1章 任务确认

1.1 确认任务目标

——做正确的事比正确做事更加重要。

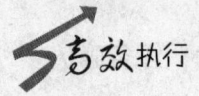

确认任务目标的三步曲

确认任务目标是保证高效执行的第一步。确认目标是一个层层递进的过程，在这个过程中人们逐步梳理出三个问题：任务是什么？自己需要做什么？怎样做？

第一步：确认任务的属性阶段

↓　　　　　　　　↓

任务的范畴是什么　　此任务区别于其他任务的特质有哪些

第二步：确认任务与自己关联的阶段

↓

这个任务与自己关联最大的地方在哪里，自己需要做些什么

第三步：确认任务的执行阶段

↓　　　　　　　　↓

自己能否达成目标　　自己又该怎样达成目标

第1章 任务确认

 确认目标和评估同步进行

梳理上述三个问题不仅可以明确任务，还可以在确认的过程中对任务目标本身进行评估，以便自己正确地分析任务和制定方案。评估任务目标要围绕以下三个核心展开：

1. 任务目标是否具有实效性

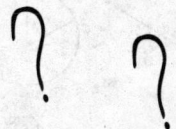 **通过题目理解时效性目标**

问：如果法国最大的博物馆卢浮宫失火了，情况紧急，只允许抢救出一幅画，请问你会抢救哪一幅？

答：抢救离出口最近的那幅画。

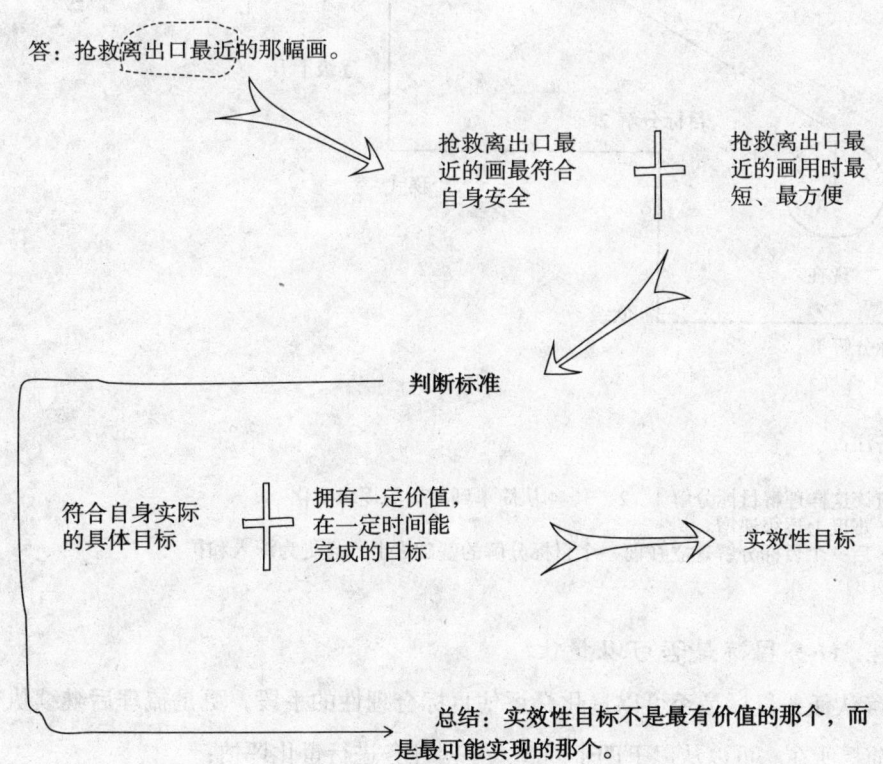

总结：实效性目标不是最有价值的那个，而是最可能实现的那个。

2. 任务目标是否注意阶梯式

确认任务目标是否具备阶梯式的特质可以从三个角度切入：

- ◆ 时间角度：从现在到将来。
- ◆ 级别角度：从低级到高级。
- ◆ 分解角度：从简单到复杂。

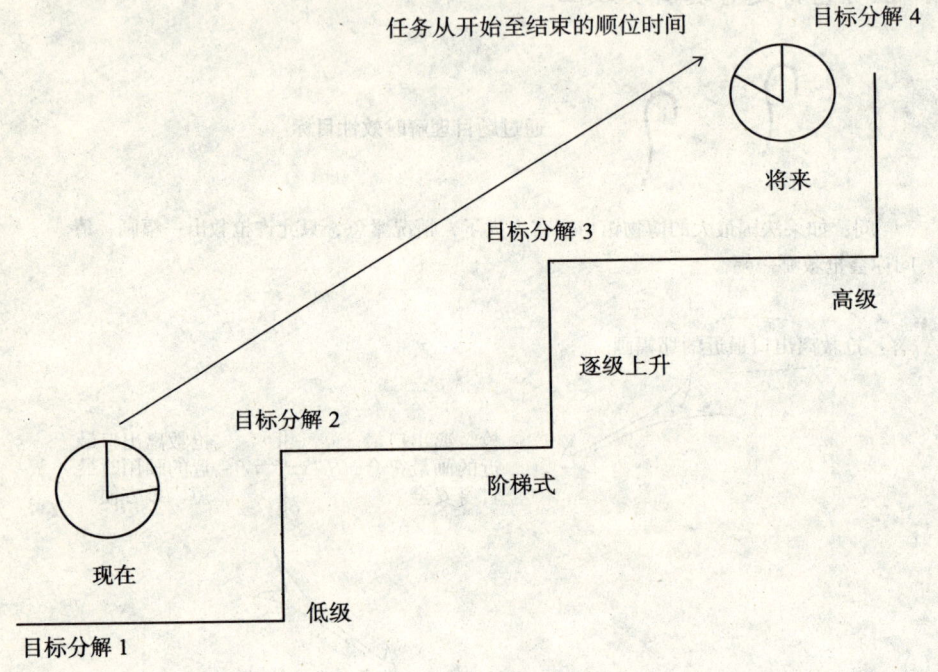

备注：

应该这样理解目标分解1、2、3、4从简单到复杂的逐级变化：
- ➢ 难度上逐级递增。
- ➢ 后一个目标分解建立在前一个目标分解的基础之上，且更为深入和扩大。

3. 任务目标是否可以量化

确认任务目标是否可以量化是评估目标合理性的手段，更是梳理后继续执行思路的前提所在。可以从以下四个问题入手对任务进行量化评估：

第1章 任务确认

1 任务目标可以进一步拆分或分解吗？

2 拆分或分解的任务可以遵循步骤或环节进行吗？

3 相应的步骤或环节有具体的完成时间限制吗？

4 每个步骤或环节符合阶梯式上升的原则吗？

四个问题遵循层层分解—具体安排—整体规划的过程，并在这个过程中推动量化评估不断深入地进行。

任务目标可以进一步拆分或分解吗？

    拆分或分解的任务可以遵循步骤或环节进行吗？

层层分解

具体安排

相应的步骤或环节有具体的完成时间限制吗？

整体规划

每个步骤或环节符合阶梯式上升的原则吗？

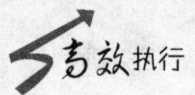

1.2 确认任务地位

第1章 任务确认

执行者想要高效完成任务,在确认任务的过程中,除了要对任务目标进行确认外,还应对任务地位进行确认。

 确认任务地位的四种方法

1. 明确任务属性法

在工作中,人们会遇到各种不同的任务,不同的任务都有自己的属性。确认属性可以帮助人们更准确地把握任务的地位。

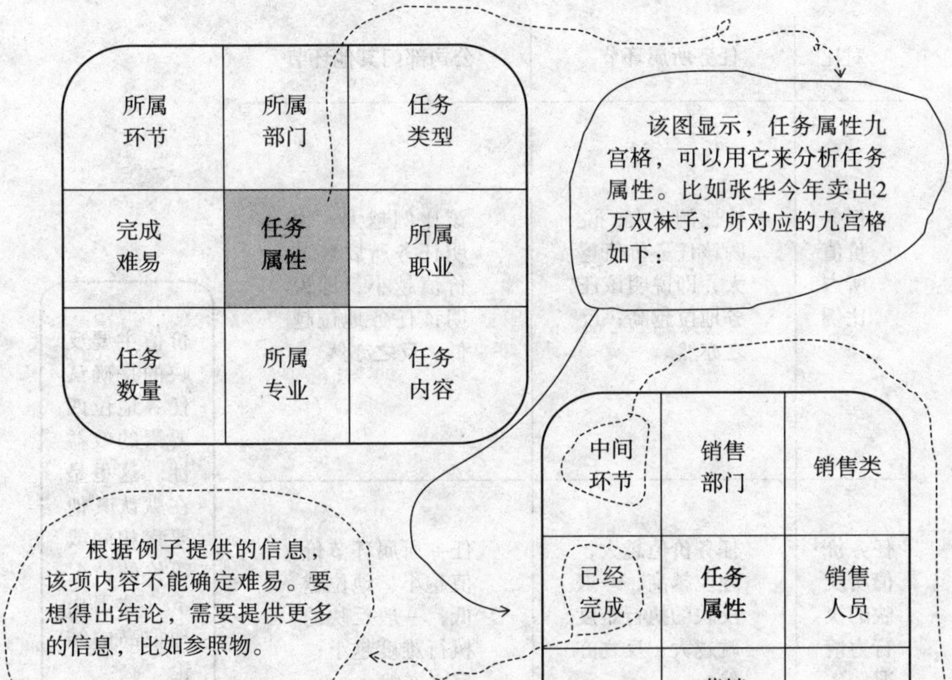

所属环节	所属部门	任务类型
完成难易	任务属性	所属职业
任务数量	所属专业	任务内容

该图显示,任务属性九宫格,可以用它来分析任务属性。比如张华今年卖出2万双袜子,所对应的九宫格如下:

根据例子提供的信息,该项内容不能确定难易。要想得出结论,需要提供更多的信息,比如参照物。

中间环节	销售部门	销售类
已经完成	任务属性	销售人员
2万双袜子	营销销售	卖袜子

根据九宫格可以得出张华的此项任务属于销售部门工作的中间环节。其前有生产、采购等环节,其后有物流、售后服务等环节。作为桥梁,这个任务有着十分重要的地位。

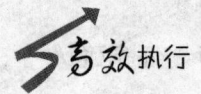

从上页图中不难看出,想要更好地运用这一方法,需要从以下三个层面入手:

◆ 该任务是否完成?

◆ 该任务的完成需要多少环节互相协助?

◆ 该任务对能力、技术或操作的熟练程度有何要求?

2. 明确任务价值法

不同的公司属于不同的行业,不同的行业所设置的部门不同,这些不同的部门所要完成的工作任务以及这些任务所产生的价值也不同。要想确认任务地位,需要明白该任务在所属环节产生的价值,以及和其他环节相比,所占比例如何。

对比	任务所属环节	公司部门其他环节	
任务价值所占比例	该比例越大,说明该任务价值越大,即说明该任务地位越高;反之亦然	该比例越大,说明任务所属环节价值越小,即说明该任务地位越低;反之亦然	价值主要反映的是确认任务地位四要素的效益性。这里是在默认其他要素相同或等价的情况下,才得出地位高的结论
任务价值所反映的执行力情况	任务价值越大,地位越高,一般反映的执行难度就越大;反之亦然	任务所属环节价值越小,地位越低,一般反映的执行难度越小;反之亦然	

3. 明确任务效益法

运用明确任务效益法,可以从结果、数量、时间、成本四个层面入手进行分析。

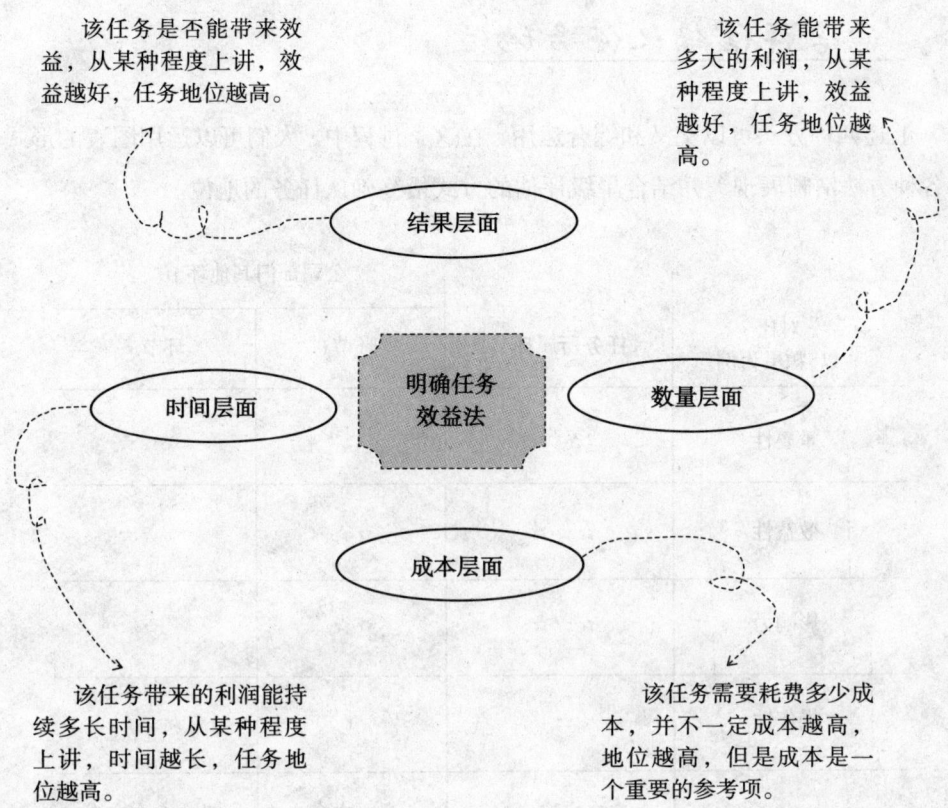

4. 明确任务影响力法

从某种程度上讲，某个任务的影响力越大，则相对应的该任务的地位就可能越高。想要准确判断其影响力，可以从以下六点入手：

◆ 该任务是否具有传播性？

◆ 该任务对整个部门、公司或行业有何直接影响？

◆ 该任务对整个部门、公司或行业有何间接影响？

◆ 该任务是否影响部门、公司或行业相关领导的决策？

◆ 该任务完成的话可以帮助多少人？

◆ 该任务可以带来多少新闻价值？

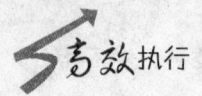

综合评估确认任务地位

上述四种方法可以交叉和综合运用,在这个过程中,人们可以运用图表的形式,将各种方法清晰展现,并结合星级评估的方式最终确认任务的地位。

对比 以5颗星为例	任务所属环节	公司部门其他环节	
		环节1	环节n
重要性	☆☆	☆	☆☆☆
效益性	☆☆☆	☆☆	☆☆☆
影响力	☆☆☆	☆☆	☆
操作性	☆	☆	☆☆☆☆☆
综合四要素之和	☆☆☆☆☆ ☆☆☆	☆☆☆☆ ☆☆	☆☆☆☆☆ ☆☆☆☆☆
确认任务地位	中等	较低	较高
结论	通过对比可知,确认任务地位属于中等地位。了解该结论有利于任务执行者把握任务完成进程,合理规划不同任务间的配合与相互协作,进而更好地维护公司整体利益,提升公司的行业竞争力。		

小提示

对比规则:以5颗星为例对比。1颗代表很弱,2颗代表较弱,3颗代表一般,4颗代表较强,5颗代表很强。星越多,代表任务地位越高;反之亦然。

1.3 确认任务难度

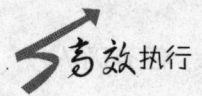

不同的工作任务会有不同的内容及要求,这便决定了任务难度的差异性。确认难度可以让人们在执行时更加理性和客观。

 确认任务难度的四种方法

1. 专业确定法

专业确定法就是根据不同工作任务的行业标准,邀请相关专业人员进行专业测评,然后通过专业论证得出任务难度级别。运用该方法时需要注意以下三点:

◆ 不是所有工作任务都有相关的行业标准。
◆ 有行业标准的工作任务不一定能找到相关的测评机构或专业测评人员。
◆ 选择专业测评比较浪费时间和金钱,对于一些资金紧张的企业需要慎重考虑付出这些成本是否值得。

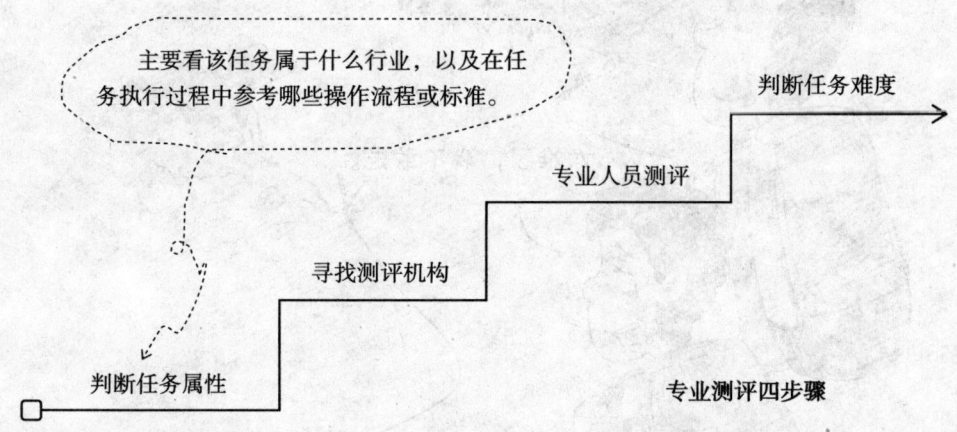

专业测评四步骤

2. 因素确定法

因素确定法就是根据影响任务难度的不同因素的具体情况进行确定。影响任务难度的因素主要包括六点,即对象多寡、完成时间、完成标准、完成形式、综合程度和复杂程度。

运用该方法时应该注意两点:一是分析影响因素一定要全;二是在最终确认任务难度时需要综合所有因素的情况,而不是其中的某个因素。

评价任务难度标准

影响任务不同因素	任务情况	难度大小	执行力情况
对象多寡	多	大	难
	少	小	易
完成时间	少	大	难
	多	小	易
完成标准	越笼统	大	难
	越规范	小	易
完成形式	少	大	难
	多	小	易
综合程度	涉及面越广	大	难
	涉及面越窄	小	易
复杂程度	复杂	大	难
	简单	小	易

最终确认任务难度时，需要综合所有因素的评价标准。

3. 对比确定法

对比确定法要求人们根据相同或类似的任务，通过和原任务各方面进行对比的方式来判断其难度。

该方法的一般评判标准是：原任务的难易程度和参照物的难易程度大致成正比。参照物难度越大，则原任务难度也越大，完成起来就越困难；相反，参照物难度越小，则原任务难度也越小，完成起来就越容易。

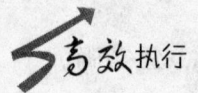

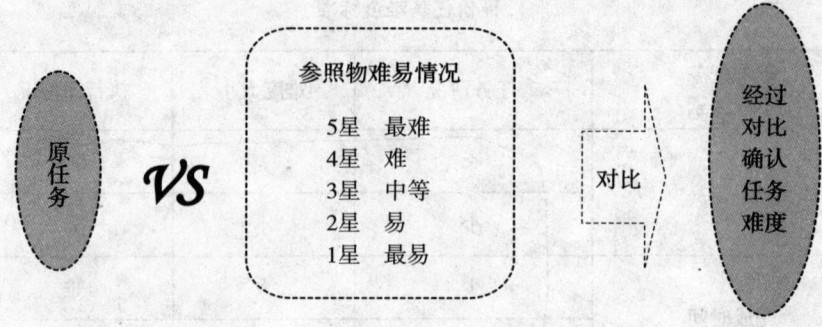

4. 分级确定法

分级确定法要求人们根据任务完成的环节或步骤，按照先后顺序分成不同等级，然后逐个确定完成每个等级的难易程度，最后汇总不同等级的结果，进而参照相关行业标准判断该任务的难度。

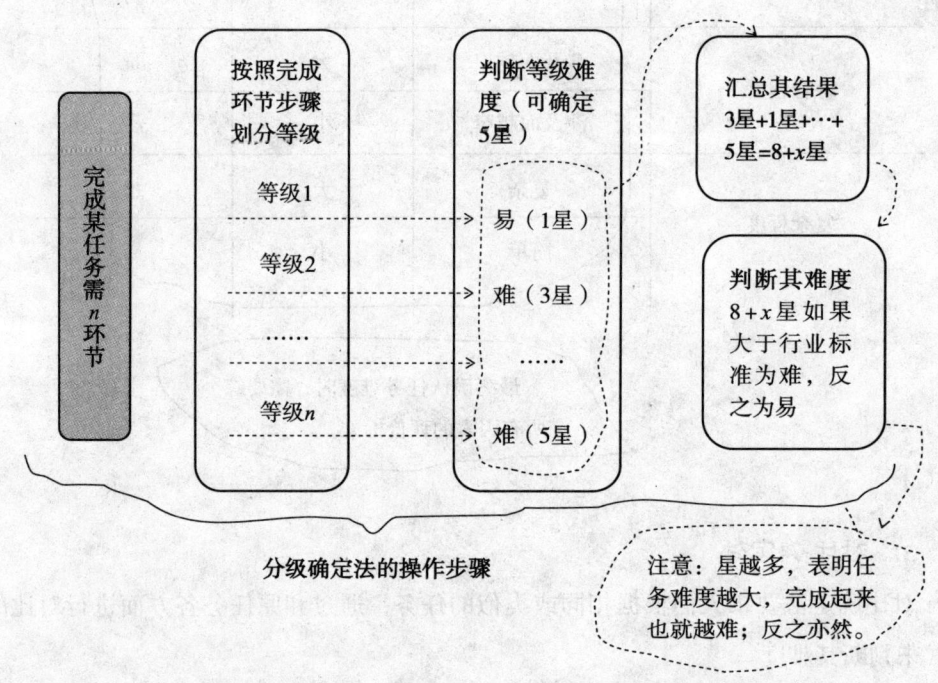

分级确定法的操作步骤

1.4 确认任务重点

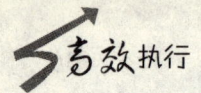

确认重点的重要性

接到一项任务,需要明确任务的重点是什么,才能准确地执行,否则在执行时很容易出现偏差。

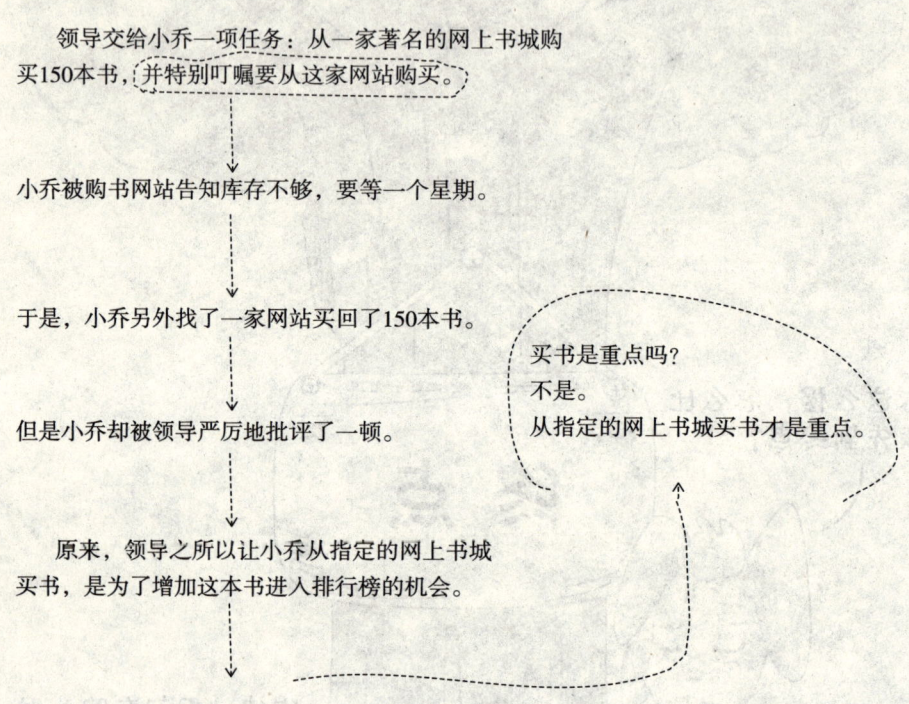

从以上案例中可以看出,确认任务重点是十分重要的。

确认重点时存在的问题

一些执行者存在和小乔同样的错误,没有正确把握任务的重点,陷入了重点陷阱。

把握任务重点时主要存在以下四种问题:

第1章 任务确认

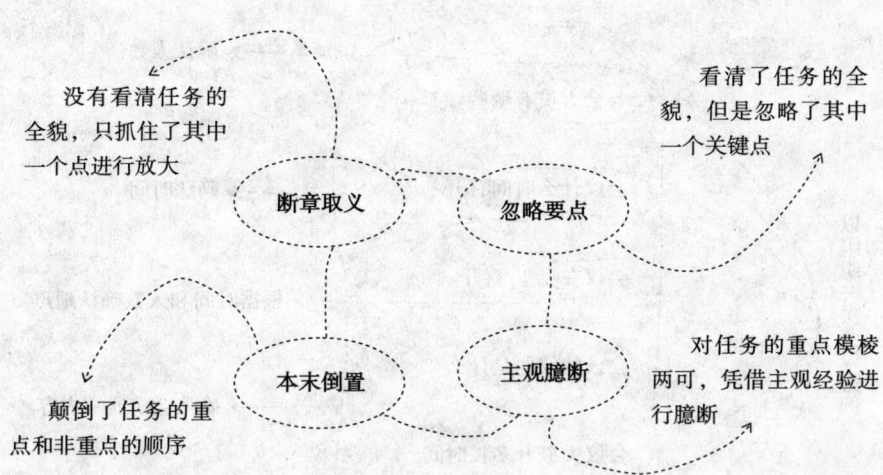

什么是任务重点

1. 任务的核心内容

找到任务的核心内容等于找到了执行的方向。

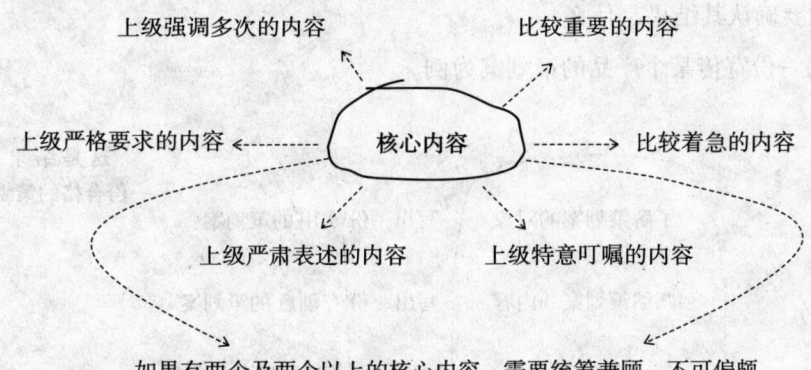

2. 任务的关键环节

任务的关键环节决定着任务能否完成。找到了关键环节，才能寻找措施对其进行一一击破。

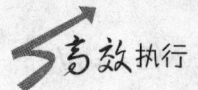

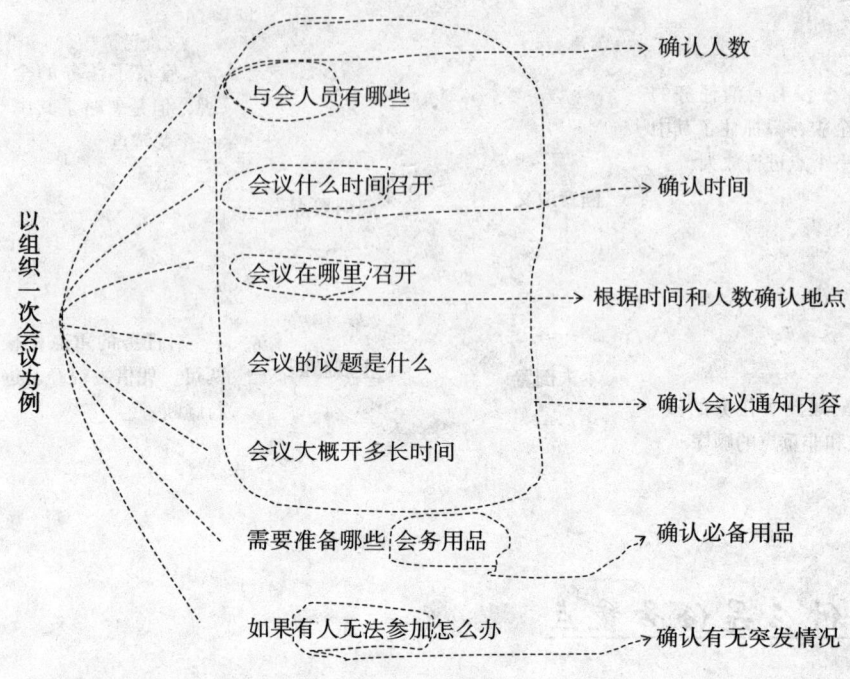

3. 任务的所需结果

任务只是一个载体，收获一个完美的结果才是任务的目的。所以，确认任务的重点必须要确认其结果是什么。

以写一份宣传某个产品的策划案为例。

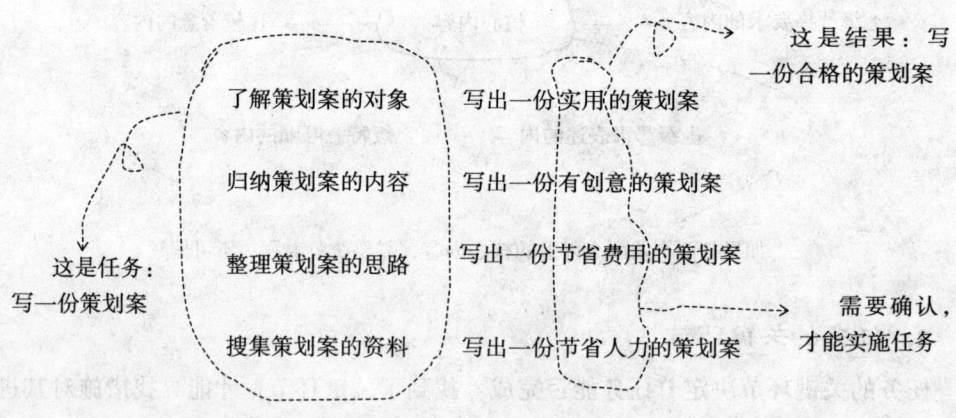

确认任务重点的方法

确认任务重点需要执行者做到以下三点：

换位思考

站在任务发布人的角度考虑任务的重点。

做这个任务的目的是什么？为什么要这么做？对企业或部门有什么好处？

如案例中的小乔，如果站在领导的角度，深刻理解领导的意图，便很容易确认任务的重点。

及时请教

在接受任务时，如果针对任务重点有不明白、不理解的地方，需做到及时请教，直到解决为止。

确认时需做好记录，把要点分条列出，并复述要点进行再次确认。

沟通确认

如果对自己确认的任务重点不是很肯定，可以主动找任务发布人进行沟通，经过其指导，得到更为精准的重点。

这个任务的关键是什么？完成时间是什么时候？想要达到什么样的效果？

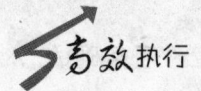

1.5　确认任务成员

——执行任务如同汪洋行舟，团队成员握起的手如救生圈般珍贵。

第1章 任务确认

确认任务成员是高效执行的关键，需要管理者根据下属执行者的不同特点进行选择和搭配，力求做到"心理上相容、性格上相合、能力上互补"。

经典案例

看一下《西游记》中的三个徒弟是如何搭配完成取经任务的。

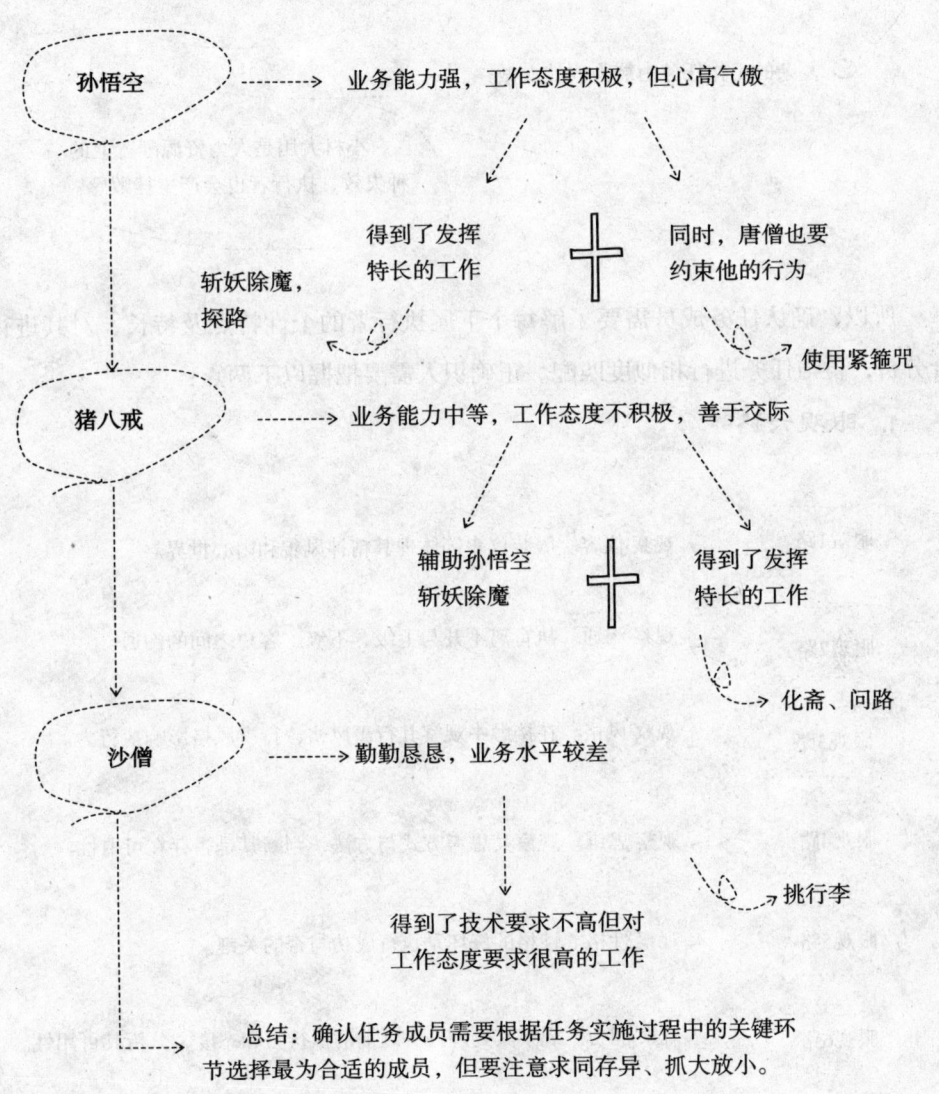

总结：确认任务成员需要根据任务实施过程中的关键环节选择最为合适的成员，但要注意求同存异、抓大放小。

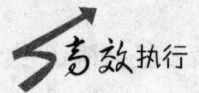

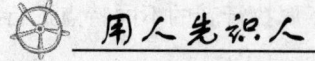 用人先识人

用人过程中需避免以下两种情况：

- 简单的工作任务由能力强的人做 → 大材小用是一种人力资源的浪费，执行者也不会安于现有工作。
- 复杂的工作任务由能力弱的人做 → 小材大用是人力资源配置上的一种失效，执行者也会产生挫败感。

所以，确认任务成员需要了解每个下属执行者的个性特点及特长，对其进行综合分析，再与任务进行相似度匹配。正确识人需要把握以下两点：

1. 眼观六路

眼观1路 → 观察仪容：服装仪表等体现其精神风貌和内心世界。

眼观2路 → 观察沟通：执行离不开与上级、下级、客户之间的沟通。

眼观3路 → 观察风格：在接触中观察其行事风格，行事风格影响执行力。

眼观4路 → 观察思维：观察其思考方式与方法，判断其是否存在可取性。

眼观5路 → 观察性格：性格的好坏是执行成功与否的关键。

眼观6路 → 观察能力：观察其处理任务之前的执行力和态度，分析其可用性。

2. 耳听八方

眼观六路识人容易产生晕轮效应，即过分关注和放大成员的缺点或优点，从而对正确识人造成干扰。所以，还需要做到耳听八方，才能得出更为全面、客观和合理的评价。

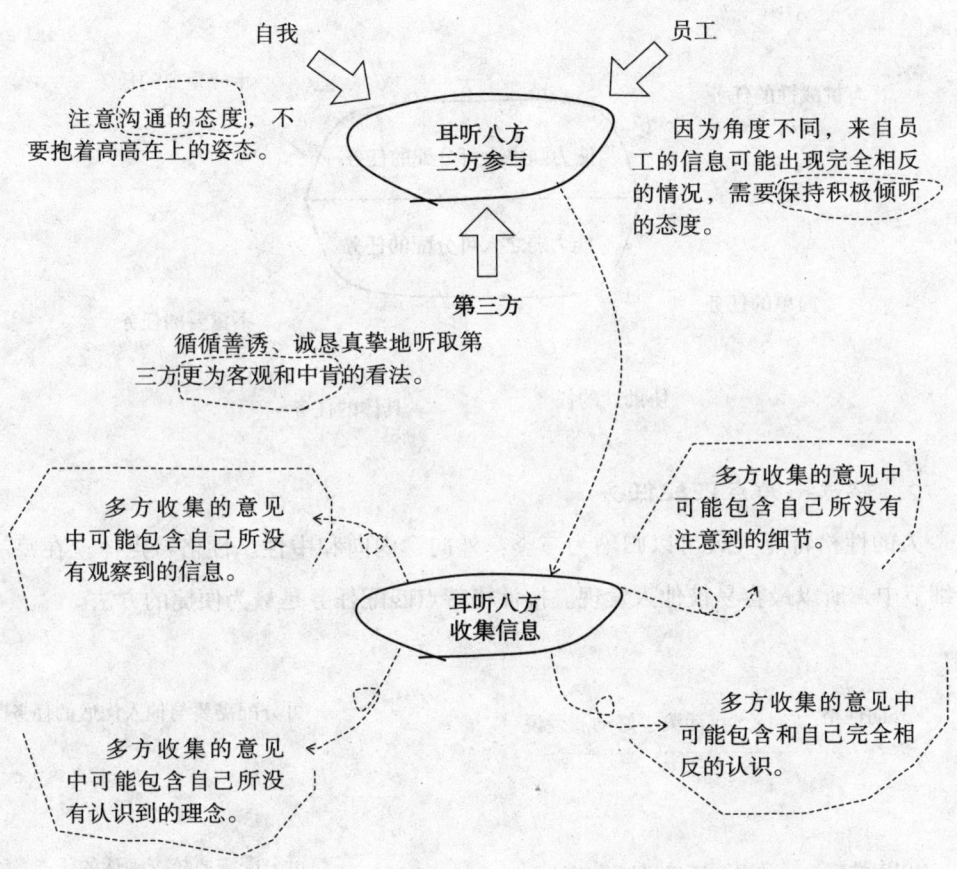

人与任务要匹配

识人只是确认任务成员的第一步。在做好识人的工作后，还需要进行下一步工作，即人与任务要匹配。

1. 按能力强弱匹配任务

能力强弱在很大程度上决定了一个人是否能够高效执行任务，若要使任务顺利按时实施，需要根据每个人不同的能力匹配不同的任务。

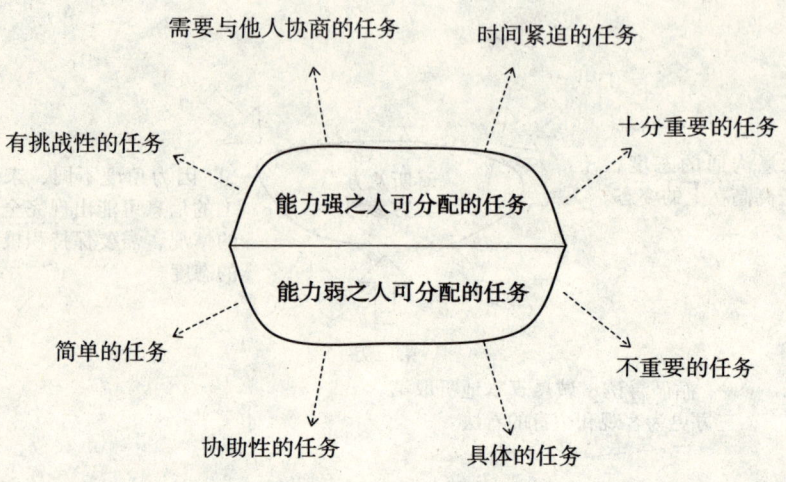

2. 按性格特点匹配任务

人的性格特点大致可以归纳为三类：外向、内向和中性。性格特点体现在每一个细节中，所以最容易被他人发现。按性格特点匹配任务是最为便捷的方法。

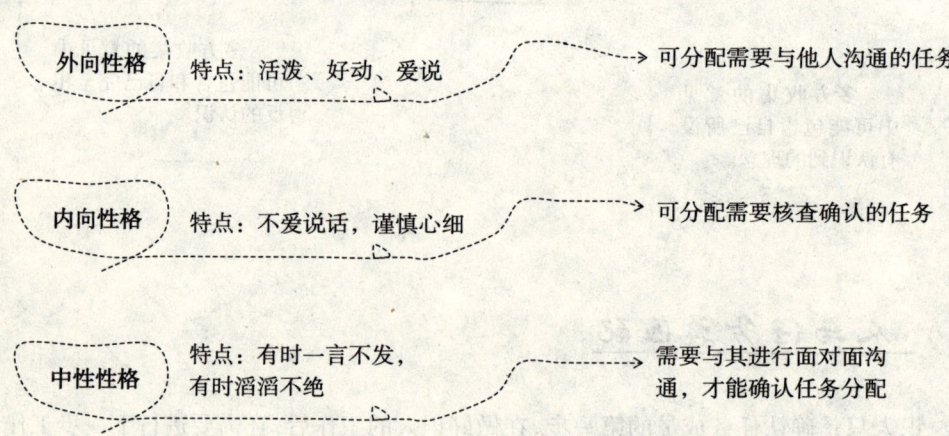

3. 按职业兴趣匹配任务

兴趣是工作的活力，从事感兴趣的任务可以促使人们积极、愉快地工作，从而提高执行的效率。

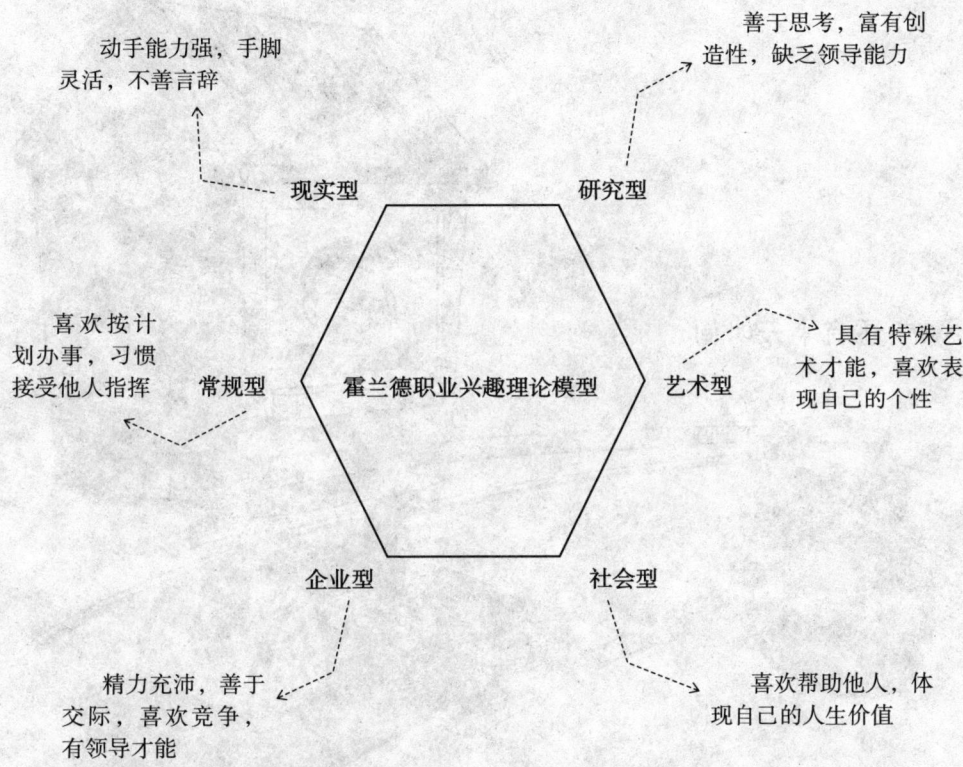

4. 按擅长与否匹配任务

每个人都喜欢做自己擅长的事情，不仅是因为精通，更是因为可以在此基础上做出突破和创新。

可通过以下三种方式探知其擅长的领域：

（1）通过以往的工作完成情况进行大致的分析。

（2）通过其日常工作的行为进行大致的判断。

（3）通过与其沟通进行准确的了解。

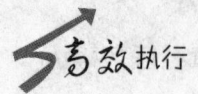

1.6 确认任务期限

还有半天时间。

监督站

——匀速执行,时间不够;超速执行,老板不让。这可怎么办!

第1章 任务确认

在所有任务要点均确认完成后,最后一步便是确认任务期限。一个恰当的期限是按时按质完成任务的前提。

 确认任务期限是否合理

确认任务期限是否合理,需要根据三个因素进行判定。

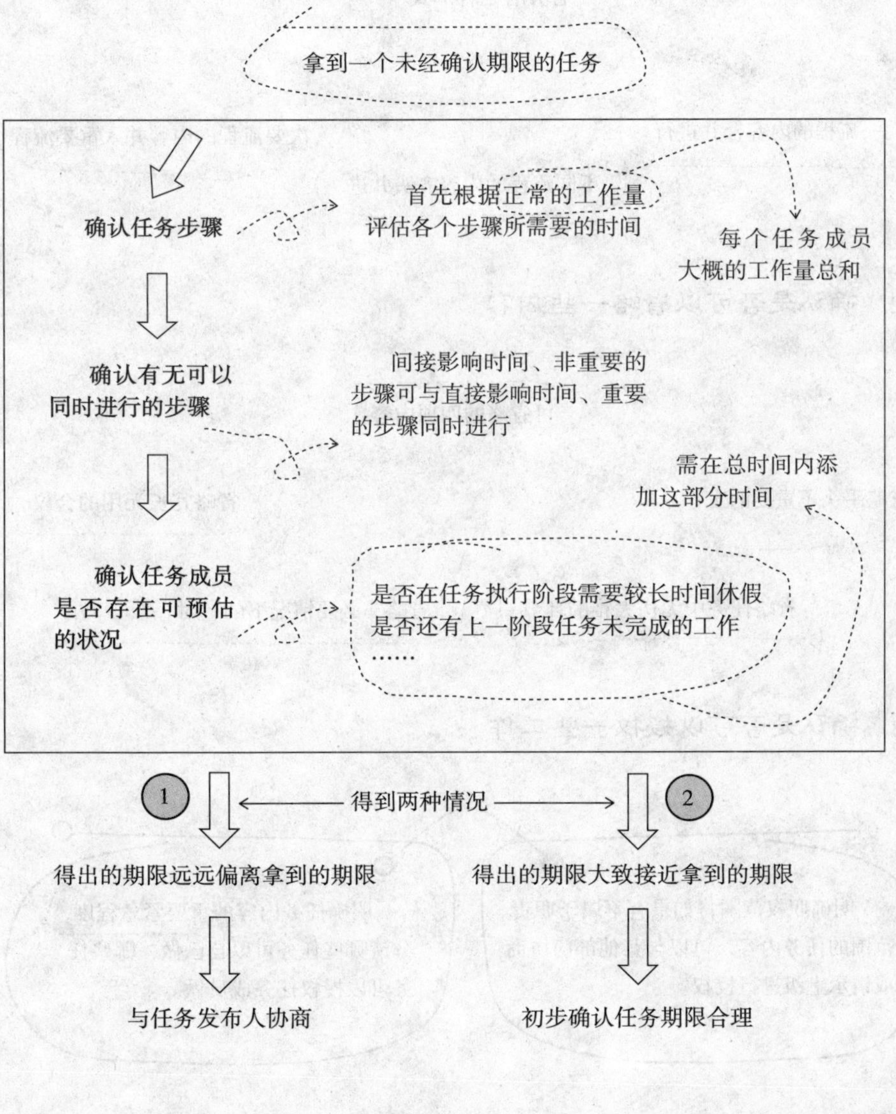

```
                    ┌─────────────────────────┐
                    │ 拿到一个未经确认期限的任务 │
                    └─────────────────────────┘
                              ↓
    ┌──────────────────────────────────────────────────────┐
    │                                                      │
    │   确认任务步骤 ┈┈→  首先根据正常的工作量          每个任务成员  │
    │                    评估各个步骤所需要的时间  ┈┈→  大概的工作量总和 │
    │        ↓                                             │
    │                                                      │
    │   确认有无可以     间接影响时间、非重要的              │
    │   同时进行的步骤 ┈→ 步骤可与直接影响时间、重要的        │
    │                    步骤同时进行                      │
    │        ↓                                             │
    │                                       需在总时间内添   │
    │   确认任务成员                         加这部分时间 ┈┈  │
    │   是否存在可预估  ┈→ 是否在任务执行阶段需要较长时间休假 │
    │   的状况            是否还有上一阶段任务未完成的工作   │
    │                    ……                               │
    └──────────────────────────────────────────────────────┘
           ①  ←──── 得到两种情况 ────→  ②
           ↓                              ↓
   得出的期限远远偏离拿到的期限      得出的期限大致接近拿到的期限
           ↓                              ↓
      与任务发布人协商                初步确认任务期限合理
```

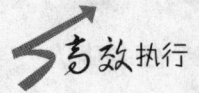

 确认任务期限是否需要优化

初步确认任务期限合理后,再次确认期限是否可以优化,即是否能够提前完成任务,以便留出充裕的时间对任务进行核查。主要从以下三个方面进行:

1. 确认是否可以合并一些任务

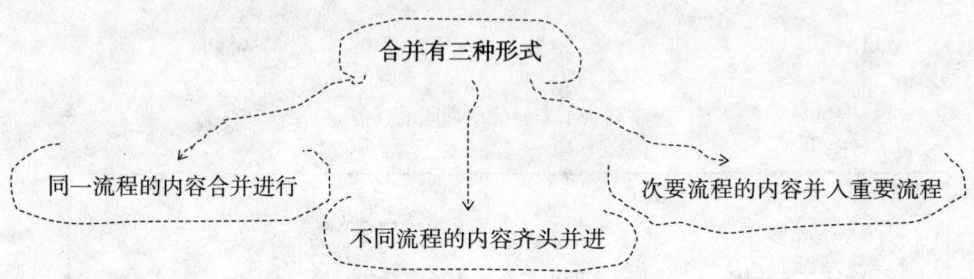

2. 确认是否可以省略一些内容

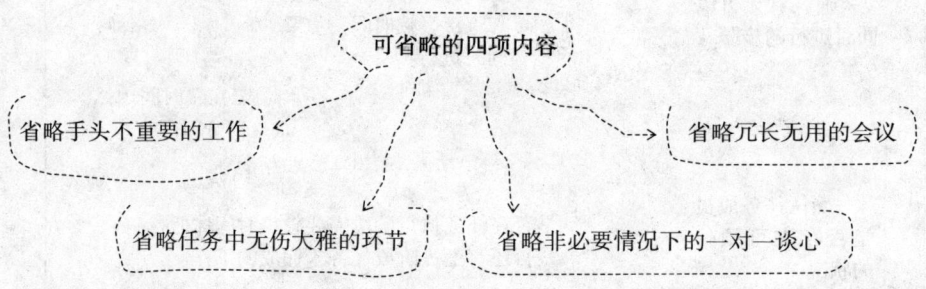

3. 确认是否可以授权一些工作

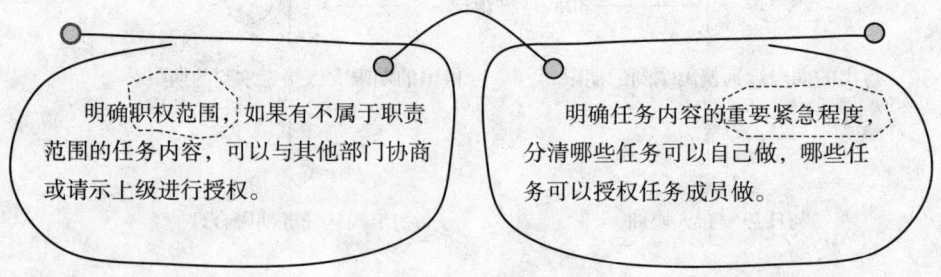

第1章 任务确认

 FMEA法帮助确认任务期限

FMEA法可以帮助执行者在任务实施前发现任务中可能潜在的问题及影响并予以解决，帮助得出较为准确的任务期限。

第一步
列出任务的实施流程

将具体工作事项要经过的环节及流程列于纸上，保证环节的完整性和流程的科学性。

第二步
评估任务的风险因素

针对实施流程中的风险因素进行思考，根据个人把控能力针对风险对任务期限的影响做出评估。

风险因素：

1. 任务成员突然生病无法工作。
2. 上级突然分配的其他任务。
3. 客户的突然到访。
4. 其他部门的突然安排。

第三步
针对风险做出改变

是通过化解风险把时间消耗降低为零，还是把风险耗时加入任务实施过程中。

1. 把他人可以代理的工作交由其他任务成员处理。
2. 让上级知道自己的计划和工作安排，做到常沟通、常汇报。
3. 转交其他同事接待，若有必要，只接待重点客户。
4. 利用例会时间多沟通，使其他部门知道你的项目进度安排。

31

第 2 章
任务分析

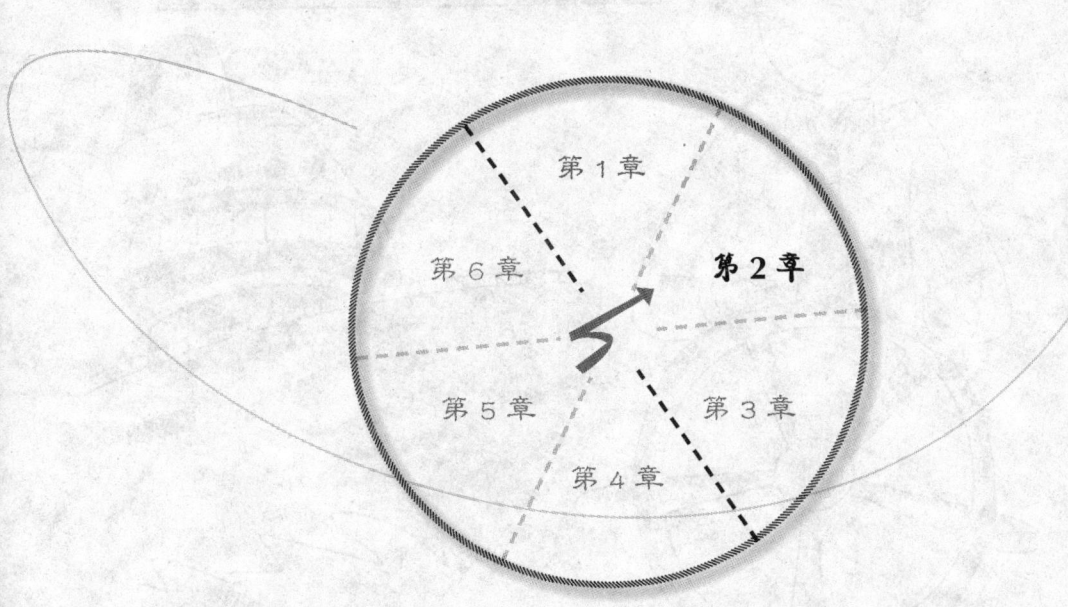

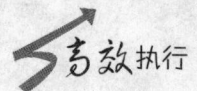

决策表析任务

流程图析任务

时间矩阵析任务

分解术析任务

5W2H 法析任务

SWOT 法析任务

第2章 任务分析

2.1 决策表析任务

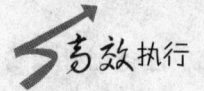

何谓决策表

决策表是一种工具,它可以分析和表达多重逻辑条件下执行不同操作任务的情况。运用决策表这个工具可以有效分析工作任务,并提前制定应对策略。一般情况下,决策表由以下四部分组成:

◆ 条件桩,分析完成任务过程中所遇到问题的所有条件。
◆ 条件项,针对条件桩给出的条件列出所有可能的取值。
◆ 动作桩,列出所遇到问题后可能采取的操作项。这些操作项的排列顺序没有约束。
◆ 动作项,指出在条件项的各组取值情况下应采取的动作。

另外,在分析决策表的过程中,人们还应知道"规则"这个概念,即将任意一个条件组合的特定取值及相应要执行的动作称为一条规则。

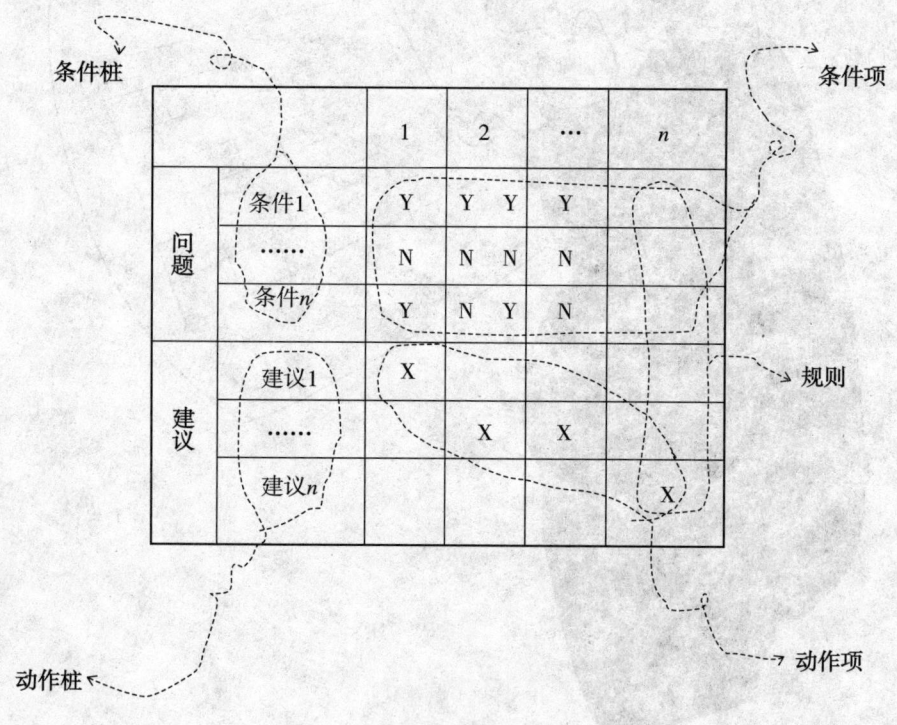

使用决策表分析任务的步骤

运用决策表分析任务时,一般需要经过五个步骤:
(1)根据完成任务过程中可能遇到问题的所有条件,确定规则的个数。
(2)列出所有的条件桩和动作桩。
(3)填写条件项。
(4)填写动作项,得出初始决策表。
(5)简化决策表,合并相似规则。

人们在简化决策表时,一般有两种办法:合并和包含。

所谓合并,是指在决策表中,如果一个条件项和另外一个条件项所产生的动作相同,且两个条件项对应的每一行的值中仅有一个是不同的,那么就可以把这两项合并。合并相似规则时,需要注意以下两点:

◆ 合并后的条件项用符合"–"表示,说明执行的动作与该条件的取值无关,这里可以称为无关条件。

◆ 合并后的项除了不同值变成"不关心"条目外,其余不变。

两条规则合并成一条

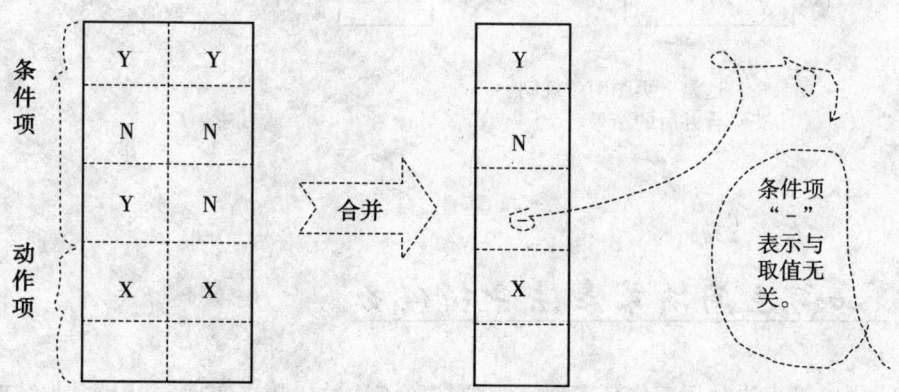

所谓包含,是指在决策表中,如果两个条件项的动作是相同的,对任意条件1的值和条件2中对应的值,需要满足以下两个方面:

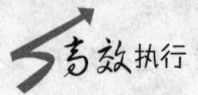

- 第一方面：条件1的值是T（F），则条件2中的值也是T（F）。
- 第二方面：条件1的值是"-"（表示"不关心"），则条件2中的值是T、F、"-"。

这时就称条件1包含条件2，那么根据包含关系可知，条件2可以撤去。然后不断重复上述两方面内容就可以得到精简的决策表了。

实际上，所谓"包含"的含义也可以理解为进行第二次合并。当第一次合并相似规则后，如果合并的结果与其他规则还有相同的动作，并且在条件项之间还存在极为相似的关系，那么可以对合并后的规则进行第二次合并。

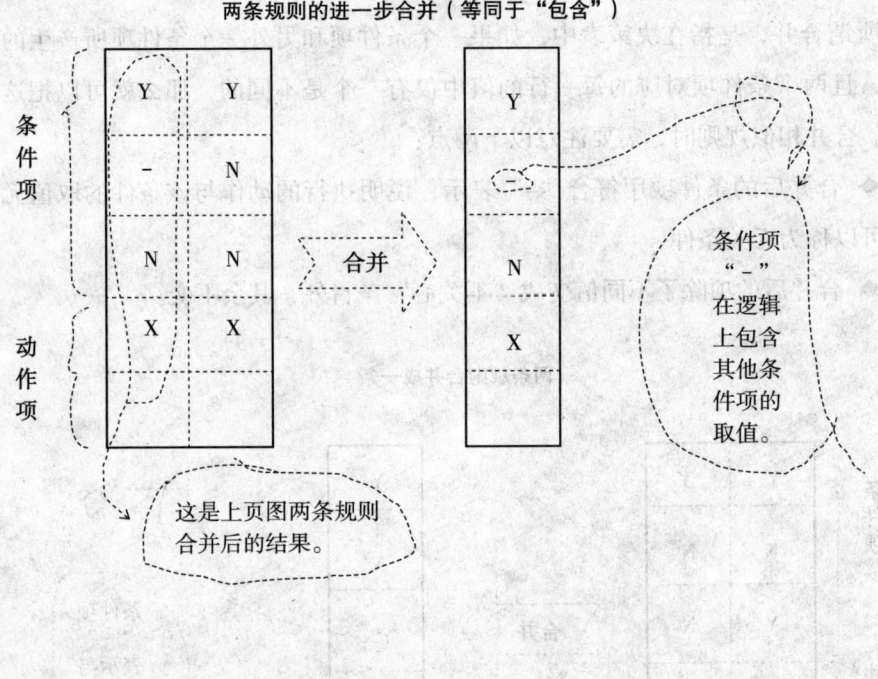

两条规则的进一步合并（等同于"包含"）

如何运用决策表法分析任务

运用决策表法分析工作任务时，需要按照该法的步骤来实现。以某企业经理让行政部员工王惠下午去某商场购买三台打印机为例。

步骤1：根据该任务的三个条件，推知决策表有八个规则。

根据步骤2、3、4填写条件桩、动作桩、条件项和动作项，画出初始决策表。

王惠购买三台打印机的初始决策分析表

		1	2	3	4	5	6	7	8
问题	需要什么品牌	Y	Y	Y	Y	N	N	N	N
	需要什么价位	Y	Y	N	N	Y	Y	N	N
	如何带回公司	Y	N	Y	N	Y	N	Y	N
建议	向经理询问		X			X			
	自己决定			X			X		
	听经销商的介绍和推荐							X	X
	根据公司以前购买的情况判断			X	X				

根据步骤5可知，上述四对规则可以合并，进而得出简化决策表。

上表便是根据王惠购买三台打印机这一任务所画的初始决策表。该表画好后，就可以根据简化决策表的两种方法对该表进行简化。从上表中可以看出一共有四对规则可以通过合并法进行简化，简化后的决策表如下：

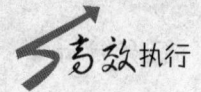

王惠购买三台打印机的决策分析简化表

		1	2	3	4
问题	需要什么品牌	—	—	Y	N
	需要什么价位	Y	Y	N	N
	如何带回公司	Y	N	—	—
建议	向经理询问	X			
	自己决定		X		
	听经销商的介绍和推荐				X
	根据公司以前购买的情况判断			X	

　　待所有条件项所产生的动作没有相同项的时候，说明该决策表已经是最简化的了，这时才能停止对该表的简化工作。
　　该任务通过决策表法分析后，变得更加具体明确，而且不容易遗漏问题。任务执行者王惠可以根据分析结果去实施购买计划，这样做更有利于她花最少的时间和代价买到更适合公司的产品。

2.2 流程图析任务

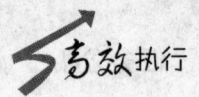

用流程图分析任务的优势

用流程图分析任务的优势如下：

一个简单的检验流程图

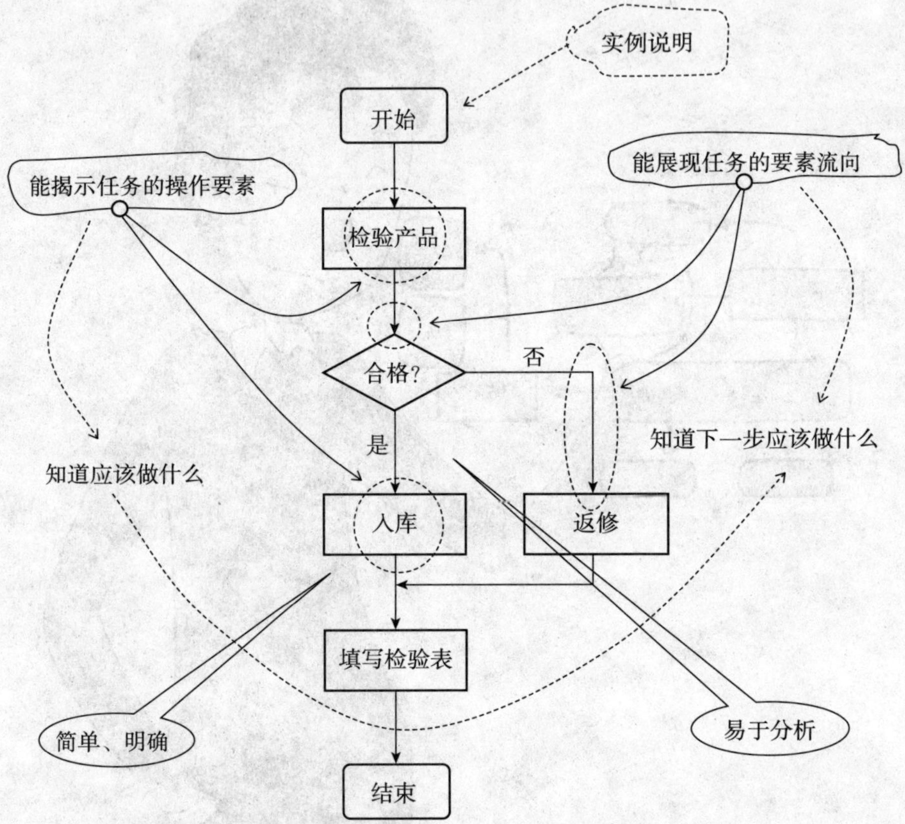

```
                              实例说明
                                ↑
                              开始
                                ↓
  能揭示任务的操作要素         检验产品        能展现任务的要素流向
                                ↓
                             合格？ ——否——→
                                ↓是                知道下一步应该做什么
                              入库        返修
                                ↓    ←——
                            填写检验表
                                ↓
  简单、明确                   结束              易于分析
```

用流程图分析任务的步骤

1. 准备任务资料

准备好与任务相关的资料，包括任务的内容、任务的要求、任务的重点等相关资料信息。

2. 确定流程图类型

流程图类型与任务分析目的相对应,它们的关系如下:

分析目的	流程图类型	举例
分析任务操作步骤	基本流程图	开业典礼活动流程图
分析任务中人与部门的对应工作	跨职能流程图	产品出库流程图
分析任务对象的构成模块	功能架构流程图	信息系统架构图
分析任务风险及关键点	控制点流程图	风险控制流程图

3. 提取任务要素

根据任务分析目的和流程图类型,提取任务要素。提取的任务要素一般有以下五种:

(1)任务的目标,包括总目标和分目标。

(2)执行人员及相关部门。

(3)任务的具体内容。

(4)执行流程的起点和终点。

(5)相关的输入输出资料。

4. 初步确定各要素的流向

在提取任务要素之后,对各要素之间的流向关系进行初步确定。即确定要素的前一个要素及后一个要素是什么。

5. 绘制流程图草图

根据提取的任务要素和各要素之间的流向关系,绘制流程图草图。

6. 调整完善流程图

根据任务分析目的，对任务进行分析，必要时适当调整和完善流程图，并记录相关分析结果。

实例分析：

风险控制流程图

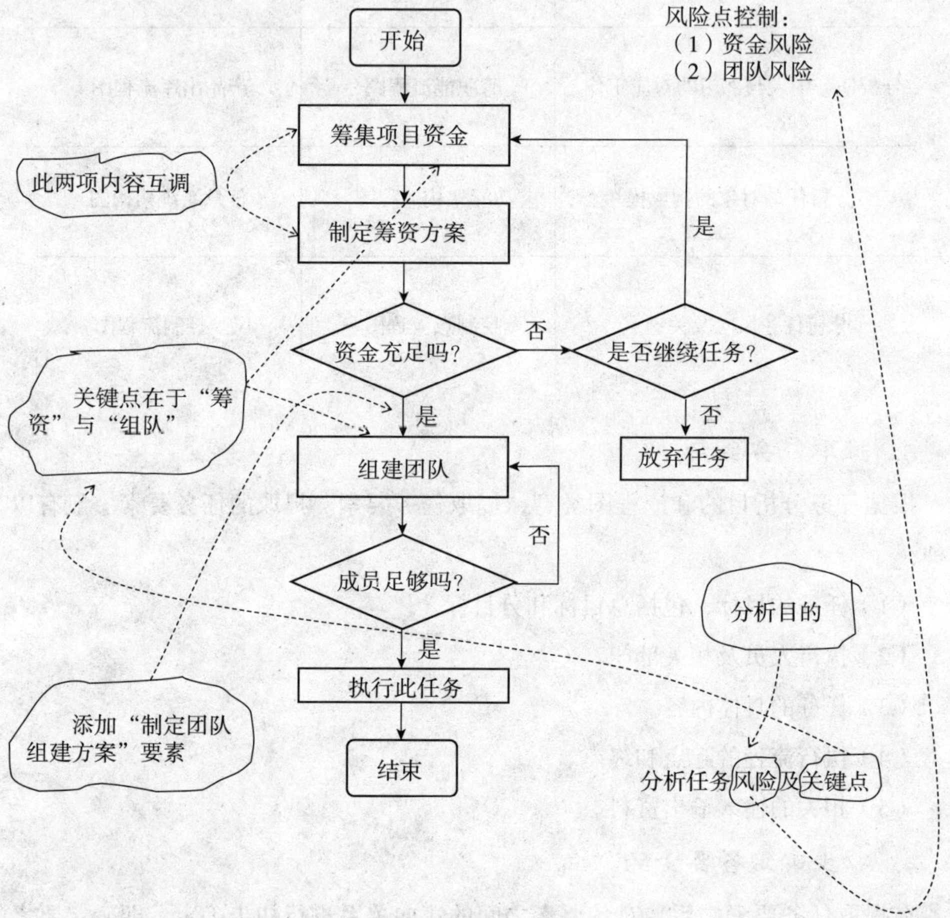

```
                    开始
                     ↓
              筹集项目资金 ←──────────┐
   [此两项内容互调]                    │
                     ↓                │
              制定筹资方案             │
                     ↓              是 │
              资金充足吗? ──否──→ 是否继续任务?
   [关键点在于"筹     │是                │否
    资"与"组队"]    ↓                  ↓
              组建团队 ←──┐       放弃任务
                     ↓     │
              成员足够吗? ──否
   [添加"制定团队     │是
    组建方案"要素]   ↓
              执行此任务
                     ↓
                    结束

风险点控制：
（1）资金风险
（2）团队风险

[分析目的]
[分析任务风险及关键点]
```

7. 整理分析结果

对任务分析结果进行整理，得出最终的任务分析报告。

2.3 时间矩阵析任务

时间矩阵是根据重要性和紧急性两个维度,将任务性质划分为四个象限,并绘制成矩阵的分析工具。

时间矩阵的四个分析象限

运用时间矩阵分析任务有四个象限,分别是重要且紧急的任务、重要不紧急的任务、紧急不重要的任务和不紧急不重要的任务。

1. 重要且紧急的任务

重要且紧急的任务一般要求立即去做,它在总任务中所占比重一般在20%~25%之间。该任务一般包括以下四类内容:

◆ 企业面临重大危机或意外突发事件。
◆ 企业出现紧急情况或遇到紧急问题。
◆ 该任务有具体完成期限,并且无法推迟完成,即有限压力任务。
◆ 企业召开与任务相关的紧急会议。

2. 重要不紧急的任务

重要不紧急的任务一般要求在第一象限任务完成后去做,它在总任务中所占比重最高,一般在60%~80%之间。该任务一般包括以下六类内容:

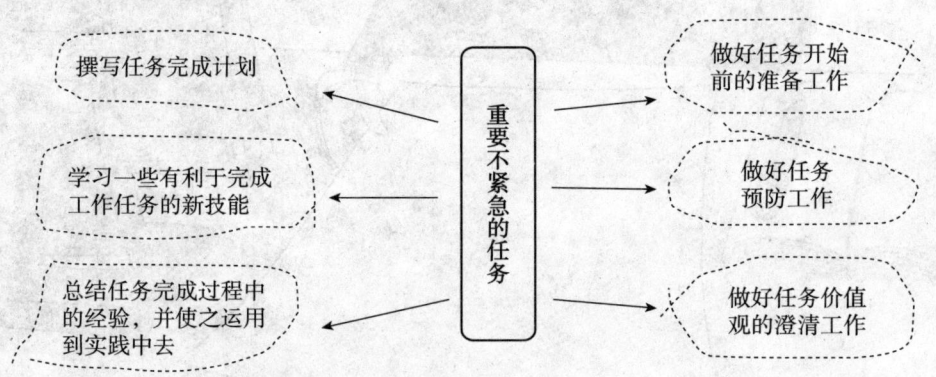

3. 紧急不重要的任务

紧急不重要的任务一般是通过授权让做的,它在总任务中所占比重一般在

10%~15% 之间。该任务一般包括以下四类内容：

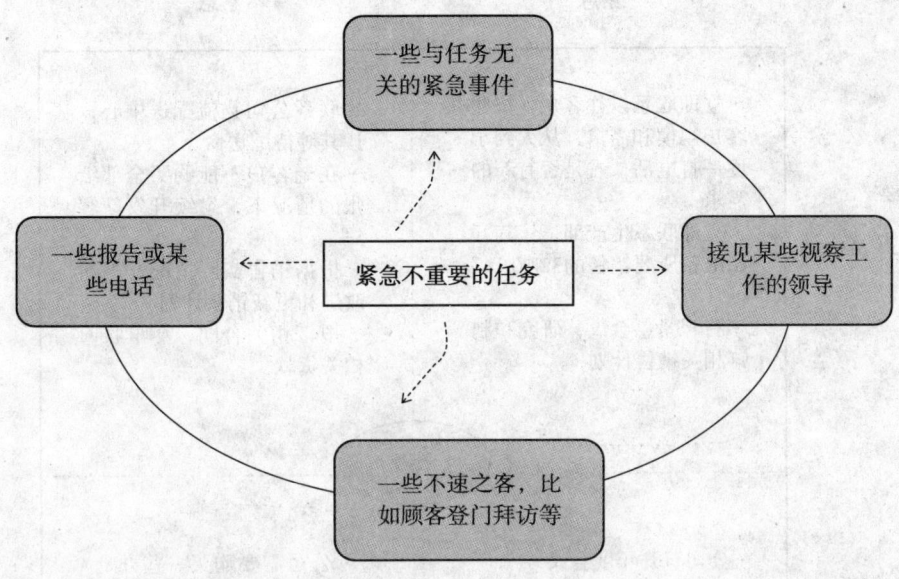

4. 不紧急不重要的任务

不紧急不重要的任务可做可不做，它在总任务中所占比重一般在 1% 左右。该任务一般包括以下三类内容：

◆ 某些细琐、忙碌的工作。
◆ 某些浪费时间的事情。
◆ 与任务无关紧要的事情。

如何运用时间矩阵分析任务

四个分析象限不仅可以帮助我们更加明确任务的性质，更可以在明确任务性质之后，科学分配时间，有效自我管理。

以某造纸厂业务员张建华接到公司领导分配的任务为例。任务要求他下个月务必完成 32 吨胶版纸的销售量，可依据时间矩阵对其进行分析。

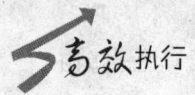

运用时间矩阵分析业务员张建华的销售任务

	紧急	不紧急
重要	・立即联系以往客户，按照客户规模和需求，从大到小逐一打电话，看是否有新的需求 ・立即联系生产部，让其开始准备所要销售的32吨胶版纸 ・召开紧急会议，研究和制订相关销售计划	・联系公司物流配送中心，让其等待配送命令 ・在老客户不能购买全部纸张的情况下，继续开发新客户 ・根据销售实际情况，不断改进和更新销售计划 ・拟订相关合同，尽早收回相关货款
不重要	・公司召开年度会议 ・公司策划部同事打来电话，叫下午参加他们的策划会议 ・领导有份合作意向书，叫他明天路过某公司时带过去 ・以前客户打来电话需要铜版纸，而且很急	・公司需要购买一些办公用品，因购买地点距离张建华家很近，所以行政人员请求他帮忙购买 ・公司某些员工的电脑上不了网，张建华懂得维修，便让他帮忙

象限 1 2 3 4

这三点对于能否顺利完成32吨胶版纸的销售任务起着关键性作用。所以，应该全力做好这些事情，应该把大量时间花在这些事情上。

这些内容和张建华的销售任务关系不大。为了更好地完成销售任务，他可以把这些事情推掉，或者找其他同事或朋友帮忙。

任务分析完成后，张建华可以逐个决定投入时间和精力的多少，进而高效执行。

第 2 章 任务分析

2.4 分解术析任务

将任务分解进行分析，可以让人们更加具体地确认执行计划，更加深入地制定执行方案。它主要体现在以下四个方面：

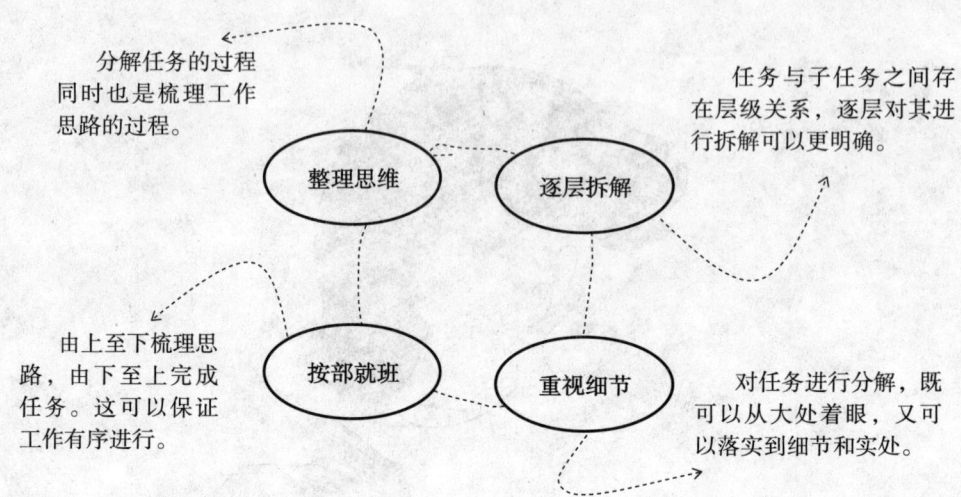

运用分解术的两种工具

1. 分解层级图

分解层级图是从任务的环节或部分出发，在层级拆分的过程中完成对任务的分析，并在这个过程中对自己的执行思路和方案进行初步整理。

使用分解层级图进行分析，可以遵从以下步骤完成：

◆ 将整个任务定位在第一层级。

◆ 接下来考虑整个任务的子任务，这便是第二层级。

◆ 在子任务下还可继续进行分析。

这样从最高层开始，层层分解，逐步向下扩展，不进行重复和无关思考。以"组织一次会议"这个任务为例，运用分解层级图对其进行任务分析。

第 2 章 任务分析

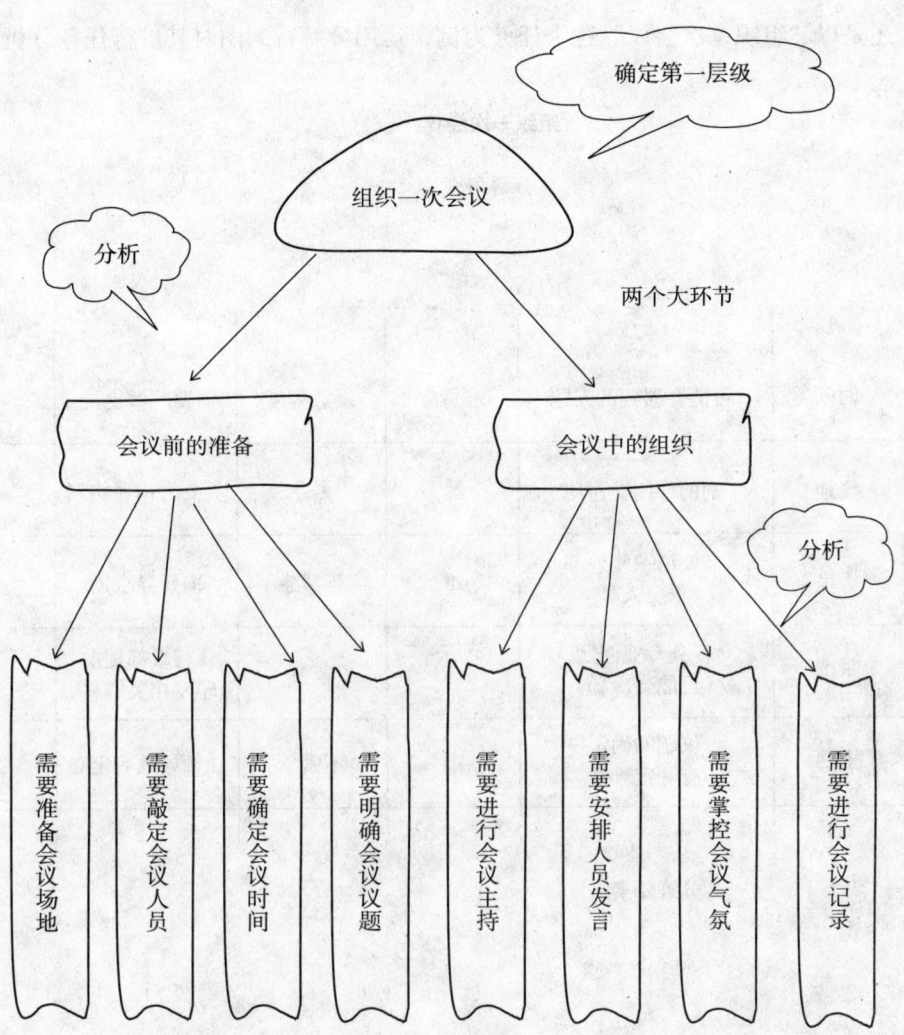

2. 分解行列图

分解行列图是从任务的要素出发对其进行分析的一种表格工具。它的主要呈现方式为行列图。

- ◆ 横行：将任务的分解要素顺次放入其中。
- ◆ 竖列：将分析的分解角度顺次放入其中。
- ◆ 最终结合横行和竖列，便可以综合要素与角度对任务进行分析。

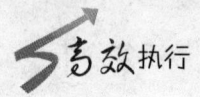

还是以"组织一次会议"这个任务为例,运用分解行列图对其进行任务分析。

组织一次会议

分解角度

	可能会遇到的问题	难易度	缓急程度	需要哪些支持
时间				
场地	别的部门会占用	易	紧急	需要去沟通协调
人员	需要请一些外部重要人员	难	不紧急	向领导求助
氛围	谈到专业问题可能会冷场	易	紧急	让行政部提前印发相关资料
主题	议题的确定有一定难度	难	不紧急	让领导最后定夺

分解要素

综合横行和竖列分析任务

2.5 5W2H 法析任务

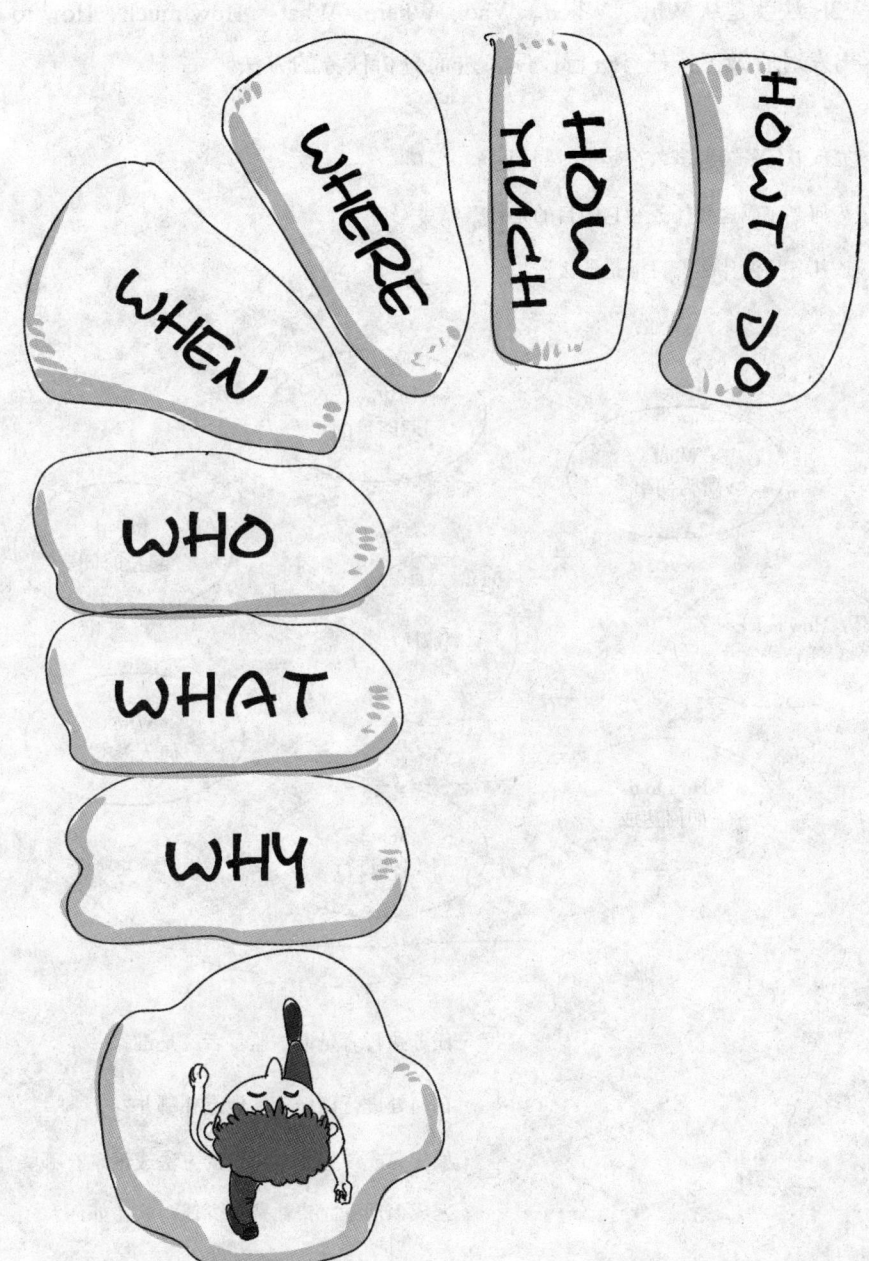

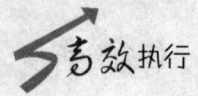

何谓 5W2H 法

5W2H 法就是从 Why、When、Who、Where、What、How much、How to do 七个因素出发对所做工作任务进行设问,进而分析任务的方法。

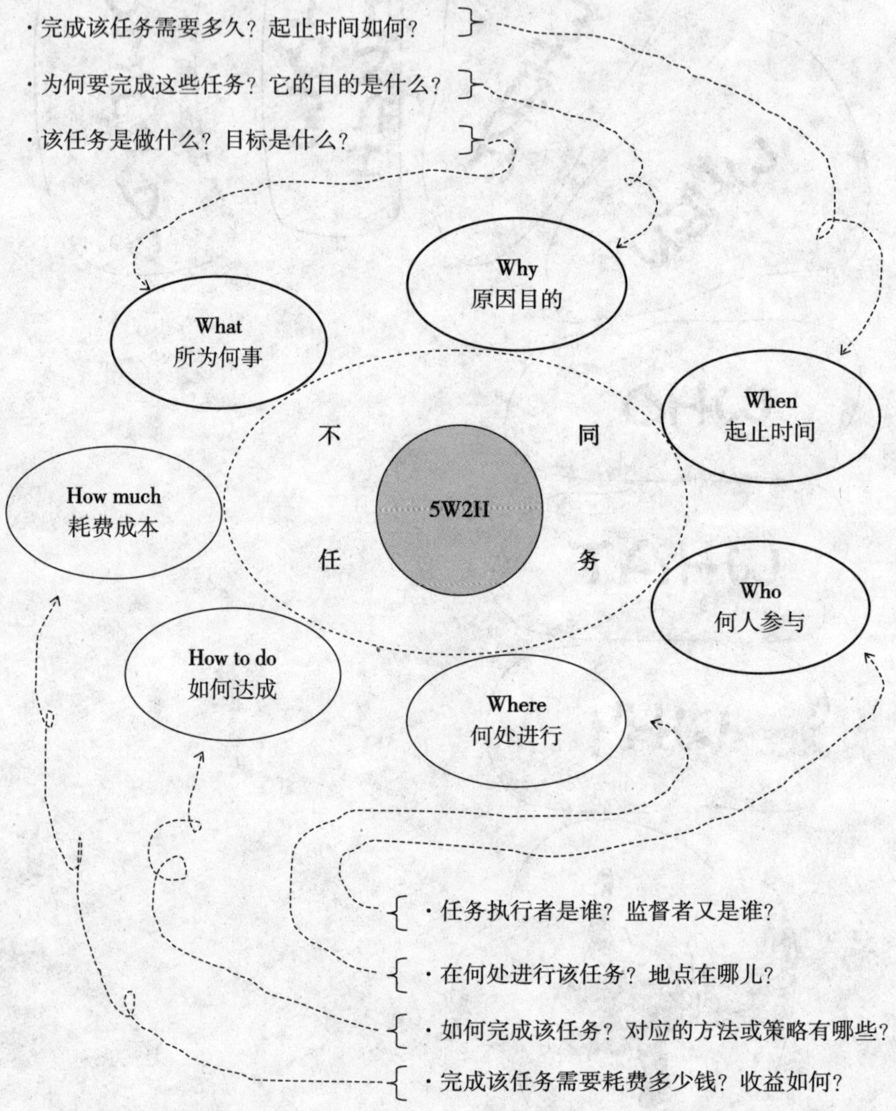

- 完成该任务需要多久?起止时间如何?
- 为何要完成这些任务?它的目的是什么?
- 该任务是做什么?目标是什么?

```
         Why
         原因目的
What
所为何事
                    When
                    起止时间
      不    同
How much
耗费成本     5W2H      任
                     务
                    Who
                    何人参与
How to do
如何达成
         Where
         何处进行
```

- 任务执行者是谁?监督者又是谁?
- 在何处进行该任务?地点在哪儿?
- 如何完成该任务?对应的方法或策略有哪些?
- 完成该任务需要耗费多少钱?收益如何?

5W2H法中的5W主要用于任务的规划面，How主要用于任务的执行面，而How much则用于评估完成该任务所需要的成本和获得的收益。

 5W2H法的实施步骤

从Why开始提出各种问题，弄清任务动机和目的，到最后用How much要素评估完成该任务所需要的成本和获得的收益。这一分析过程分为以下四个步骤：

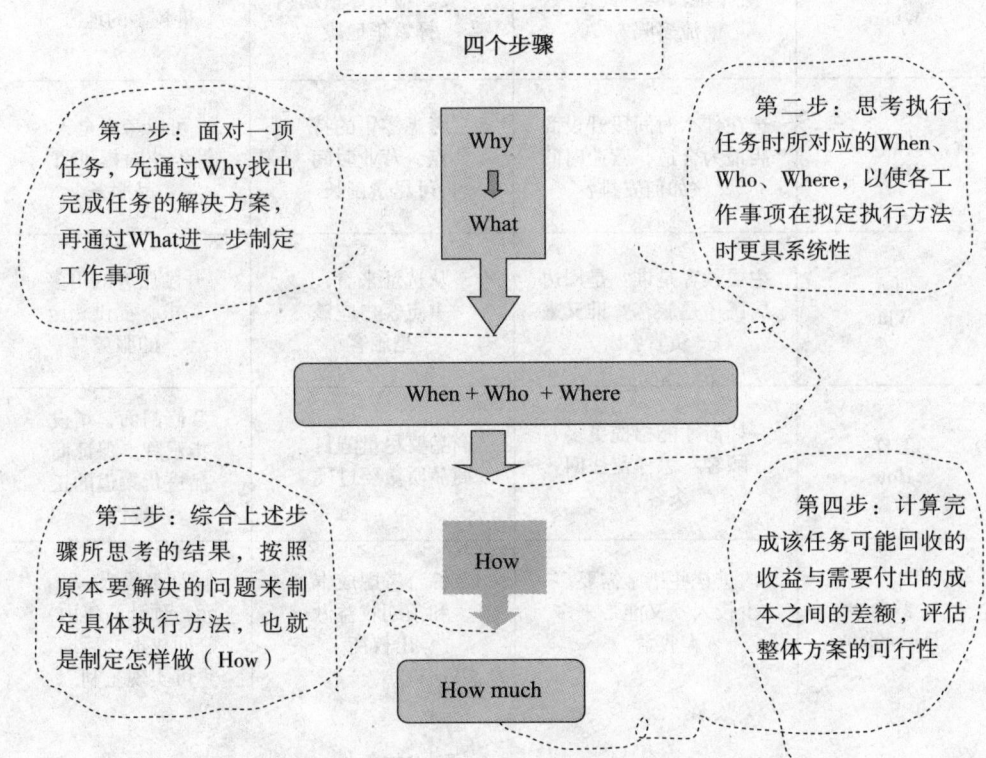

第一步：面对一项任务，先通过Why找出完成任务的解决方案，再通过What进一步制定工作事项

第二步：思考执行任务时所对应的When、Who、Where，以使各工作事项在拟定执行方法时更具系统性

第三步：综合上述步骤所思考的结果，按照原本要解决的问题来制定具体执行方法，也就是制定怎样做（How）

第四步：计算完成该任务可能回收的收益与需要付出的成本之间的差额，评估整体方案的可行性

 5W2H法与图表的结合

以开一家商店这一任务为例，用5W2H法与图表结合分析如下：

为什么 Why	为什么要开这家商店?	可以从挖掘客户的需求入手分析	让商店和客户的需求保持一致
做什么 What	该店是做批发还是做零售?是百货还是专营?	从自身实际情况出发,本店适合做零售	以零售为主,可适当增加服务,比如送货上门服务等
何地 Where	该店在何处设址?是繁华地段吗?此地人流多吗?	从零售的特点出发,应该尽量选择繁华地段	可以选址在人流量较多的地方
何时 When	选在什么时间段开设商店最为合适,营业时间又该如何安排?	考虑零售的特点,营业时间可尽量延长	可以考虑全天24小时提供商品服务
何人 Who	主要顾客是谁?是周边居民还是旅客?谁又来负责?	从选址来看,重点客户应该是旅客	开发旅客的更多需求,提供相应的服务
怎样 How	如何才能招揽更多顾客?怎样留住回头客?	商品要尽量醒目,商品质量要过硬	装修门面,增设指示牌,保证商品进货渠道的正规性
多少 How much	改进这些措施需要多少投入?又能带来多大收益?	综合考虑成本和预期收益做出权衡	前期可投入8万元,预计两年内赚回成本。后期可实现盈利

> 将5W2H法和表格结合在一起,根据七个设问逐一分析任务,并清晰直观地展现出来。这样既梳理思路,又有了执行方案的雏形。

2.6 SWOT 法析任务

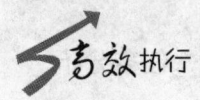

何谓 SWOT 法

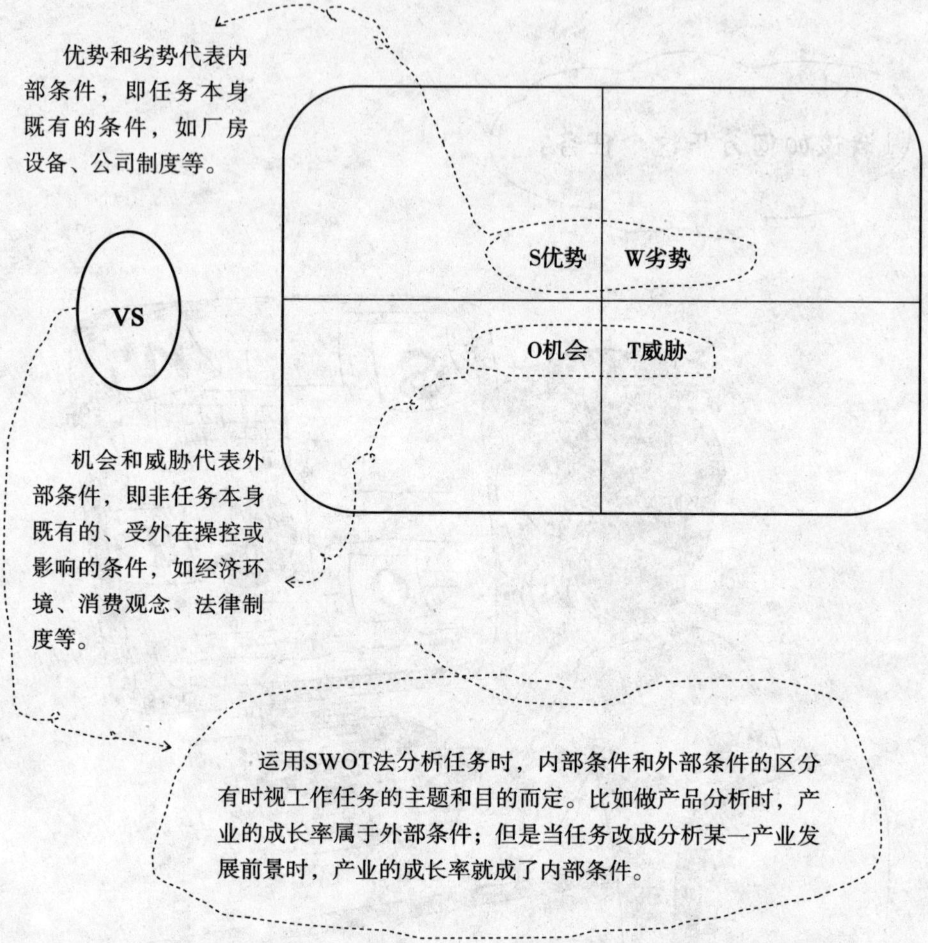

优势和劣势代表内部条件，即任务本身既有的条件，如厂房设备、公司制度等。

VS

机会和威胁代表外部条件，即非任务本身既有的、受外在操控或影响的条件，如经济环境、消费观念、法律制度等。

S优势	W劣势
O机会	T威胁

运用SWOT法分析任务时，内部条件和外部条件的区分有时视工作任务的主题和目的而定。比如做产品分析时，产业的成长率属于外部条件；但是当任务改成分析某一产业发展前景时，产业的成长率就成了内部条件。

所谓SWOT法，就是运用这四个字母所代表的含义（即S=Strength 优势、W=Weakness 劣势、O=Opportunity 机会、T=Threat 威胁）对所要完成的工作任务进行分析的方法。

具体来讲，SWOT所代表的含义包括以下四个方面：

◆ S=Strength 优势，即在完成任务过程中有何明显优势。

◆ W=Weakness 劣势，即对完成任务起阻碍作用的地方。

◆ O=Opportunity 机会，即外部环境提供的比正常情况下更容易完成工作任务的机会。

◆ T=Threat 威胁，主要是指一些不利的趋势或发展等外部因素对任务完成所起的反作用。

运用该法有利于对工作任务所处的情景进行全面、系统、准确的研究，进而根据研究结果制定相应的发展战略、计划以及应对措施等。

SWOT 法的实施步骤

实施该法的基本思路：先将所要分析工作任务的相关资料按照优势、劣势、机会和威胁分成四大类，接着画出十字形的 SWOT 图，然后将四大类内容在图中一一标出，最后再利用完成的 SWOT 图对该任务进行细致全面的分析。

步骤 1：根据工作任务，寻找相关资料

不同的工作任务会有不同的内容和要求，在寻找相关资料时一定要分析判断好任务内容及要求，避免找一些与完成任务无关的资料。

步骤 2：将搜寻到的资料按照优势、劣势、机会和威胁分成四大类

深入研究分析相关资料，尽量避免把资料分错类。

步骤 3：画出十字形的 SWOT 图，然后将资料填入相应的区间内

绘制 SWOT 分析图时，需要遵循下列三个步骤：

◆ 第一步：画出十字形图。

◆ 第二步：以十字中心为基点，在四个不同区间分别标出优势、劣势、机会和威胁四个标识（先后顺序是左上方顺时针方向依次标注），然后把相应的四个字母 S、W、O、T 也标出。

◆ 第三步：将第二步分好的资料内容填入相应的四个区间内。

步骤 4：运用画好的 SWOT 图分析相关任务

SWOT 分析图绘制好后，需要执行任务者依据所要决策的任务目标分析 SWOT 图，然后决定完成任务所要采取的应对策略。

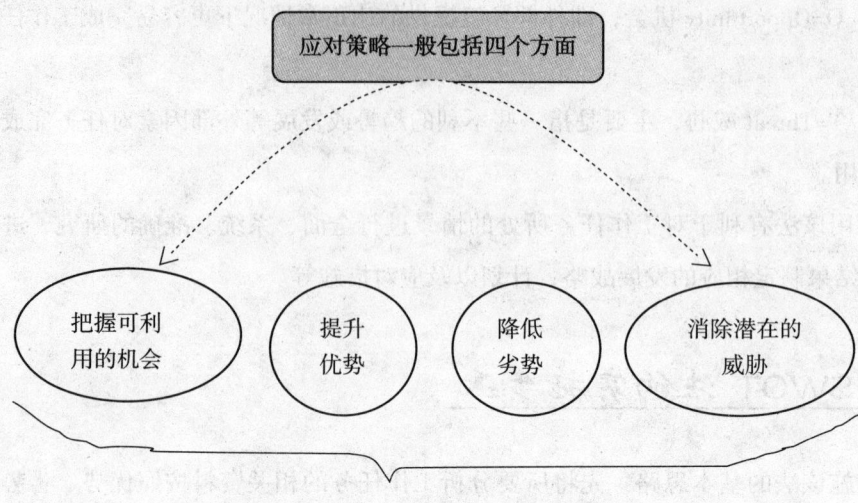

实例展示 SWOT 法分析过程

例：某国有控股邮政有限公司需要在今年扩展自己的业务。

◆ **根据工作任务，寻找相关资料**

a. 上门取件相关人力和车辆不足；

b. 拥有全国范围的物流网；

c. 具有开办邮政银行的可能性；

d. 通信网络技术发展迅速，对邮政需求可能会日益减少；

e. 有些国外邮政企业已经进入国内市场；

f. 组织、预算、费用等方面的灵活性不足；

g. 市场及物流相关部门的专业人员较少；

h. 随着电子商务的普及，对寄件需求增加；

i. 顾客对国有邮政服务的高度信任感和亲切感；

j. 追踪查询服务还不完善；

k. 国内同类企业日益增多，相关代理机构也不断增加；

l. 作为国有控股企业，拥有公众的信任；

m. 运输途中经常出现包裹破损的情况；

n. WTO 邮政服务市场开放后带来的压力；

o. 物流及 IT 等关键技术的跨越式发展。

◆ 按照优势、劣势、机会和威胁分成四类

画出 SWOT 图，将相关资料填入相应的区间，最后进行分析。在分析过程中，需要掌握两个分析工具：分析坐标图和分析表格。

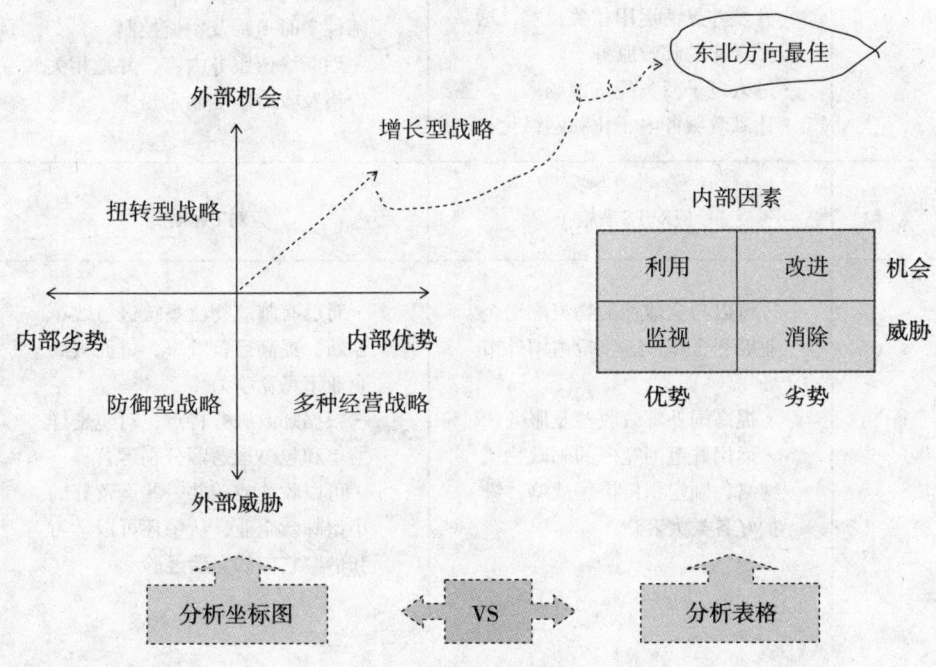

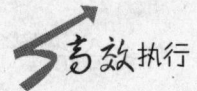

◆ 把面对不同任务的分析结果与相应的应对策略或措施放在同一张大表中展示

某国有控股邮政有限公司业务扩展分析表

内部条件 \ 外部条件	优势（S）	劣势（W）
	b、c、i、l	a、f、g、j、m
机会（O） h、o	应对SO措施 ·以原有的邮政网络为基础，尽快增加送货上门服务 ·开发并灵活运用相关技术，增设多样化的邮政服务 ·进入电子商务配送市场 ·让邮政服务电子化和网络化	应对WO措施 ·成立专业的邮寄包裹部门 ·通过对信息技术的应用，实现邮件实时追踪及物流控制 ·创新增值服务内容，并把相关价格及收费制度制定出来
威胁（T） d、e、k、n	应对TS措施 ·可以与全球性的物流配送企业展开合作，逐步抢占国外市场 ·提高国外邮政收益及服务 ·运用好范围宽广的邮政物流网络，制定积极市场战略，维护好各类大客户	应对TW措施 ·对已有邮政物流系统进行改革创新，提高运营效率，进而提高企业市场竞争力 ·根据邮政服务特点，对包裹详情单和包裹运送网分别运营 ·可以收购或兼并一些运营好的小型邮政企业，从中还可以学习和借鉴它们的运营经验

该表中所有字母指代的内容与上文中搜集到的所有资料——对应。

第 3 章

方案制定

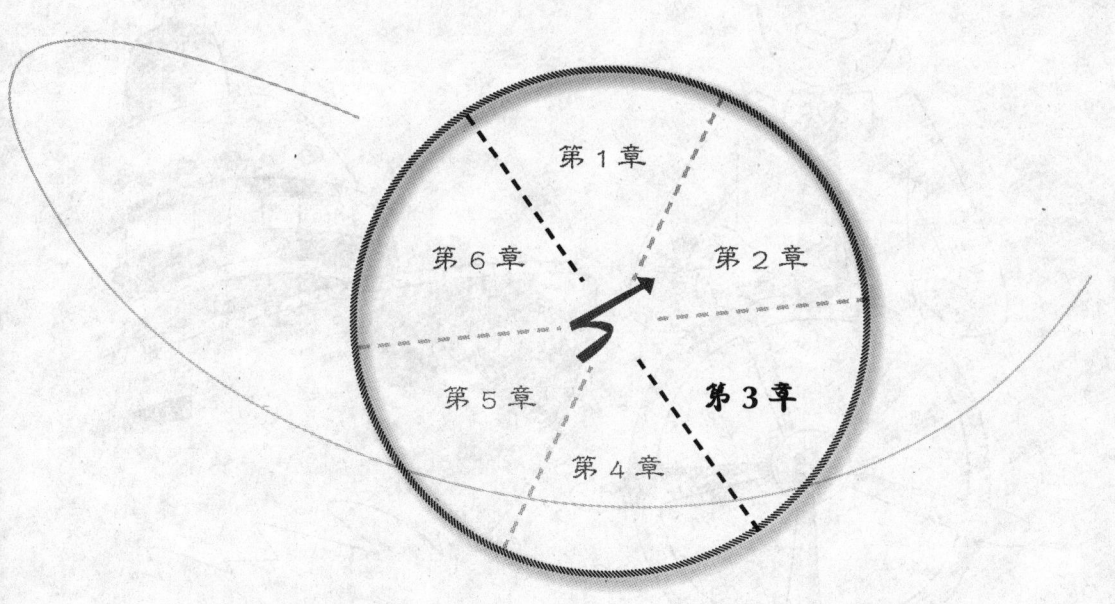

3.1 明确目的

——开弓没有回头箭,明确目的很关键。

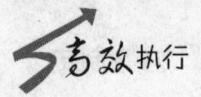

制定方案目的先行

方案制定者在制定方案前,应明确自己想制定一个什么样的方案。

例如:

"我想制定一个可行的方案。"

"我想制定一个适用的方案。"

请定义好"可行""适用"的概念。

"我想制定一个适合5个人执行的方案。"

"我想制定一个预算为5000元的方案。"

"我想制定一个时间范围为5个月的方案。"

具体数字能让"目的"更加明确。

"我想制定一个详细到每一个细节的方案。"

"我想制定一个可执行的方案。"

怎么样才算"可执行"?

"我想制定一个总体性的方案。"

战略性方案。

"我想制定一个指导性的方案。"

战术性方案。

……

为了明确方案的目的,方案制定者需要考虑任务的相关因素,结合任务来确定方案的目的。

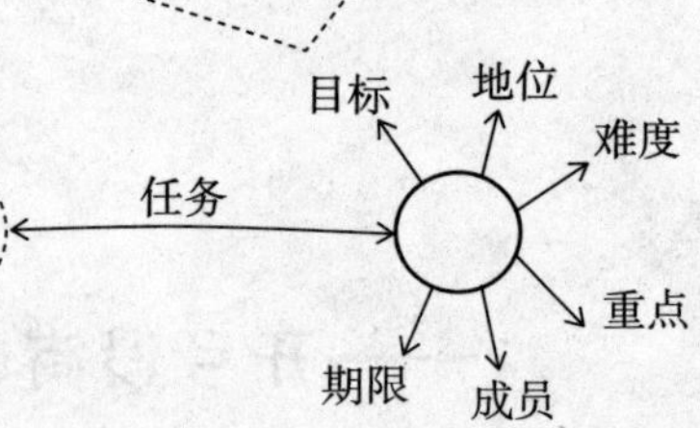

任务 → 目标 / 地位 / 难度 / 重点 / 成员 / 期限

第3章 方案制定

 如何明确方案的目的

可以通过回答以下几个问题来明确方案的目的：

（1）任务是什么？

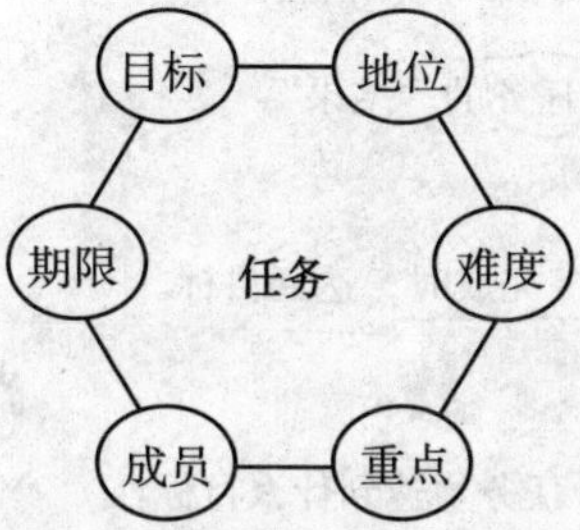

（2）期望是什么？

方案制定者及相关利益者的期望，如：

我想这个方案能够执行下去。

我想这个方案具有很强的指导性。

我想这个方案能被上级认可。

我想这个方案具有灵活性。

（3）限制是什么？

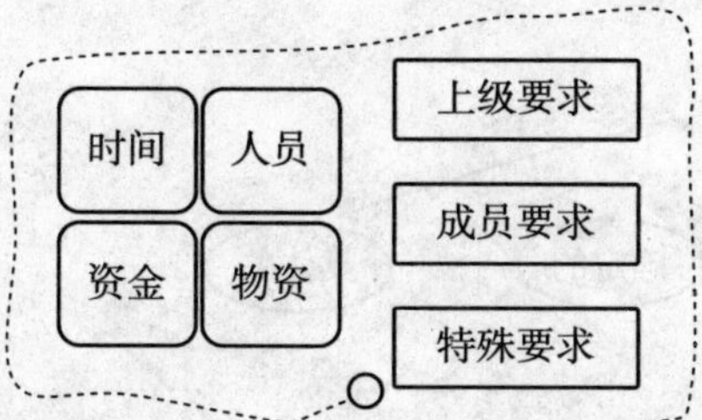

（4）现状是什么？

方案制定者的现状　相关利益者的现状

任务的现状　外部环境的现状

这些都会对方案的目的形成限制。

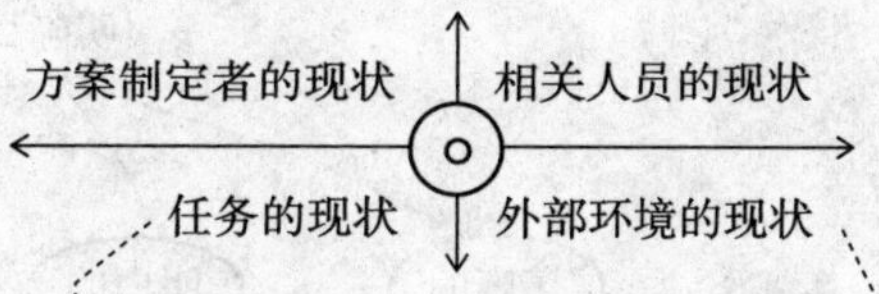

如任务具有极度的不确定性，就不适宜制定一个需要非常严格执行的方案。

如现在正值严冬，就不适宜制定一个需要阳光明媚的天气的方案。

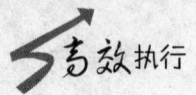

需要注意的事项

1. 注意区分方案目的和任务目标

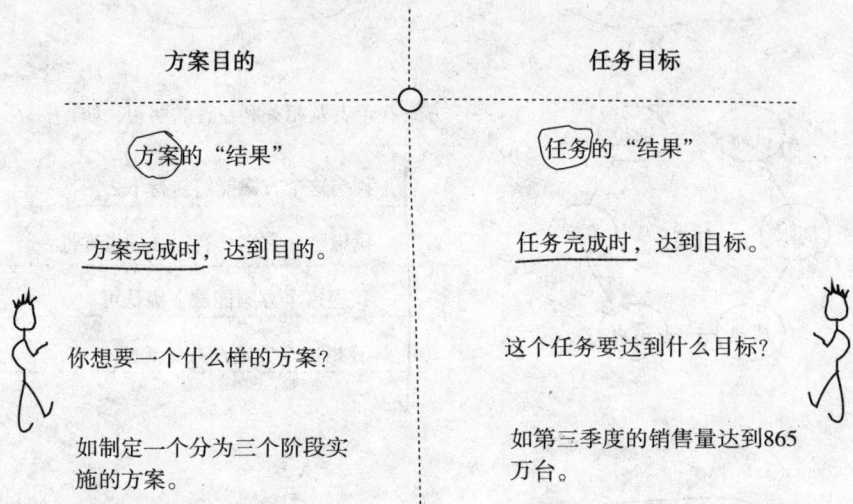

2. 注意目的的"明确性"

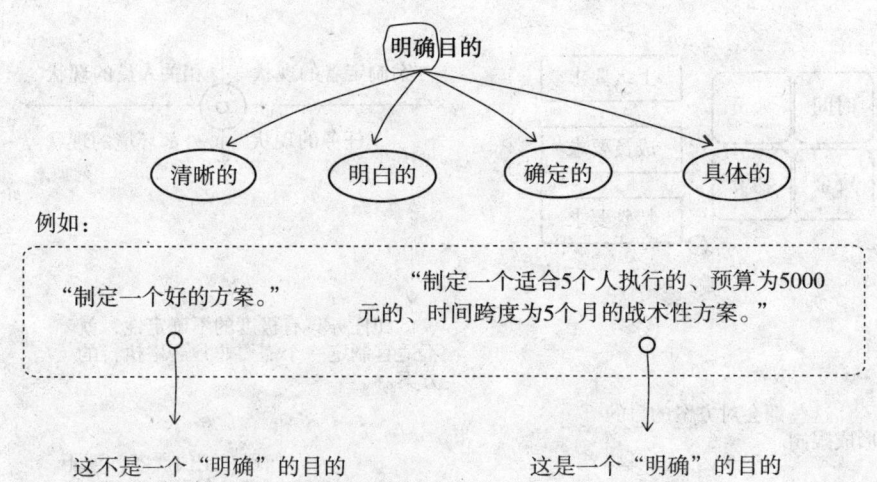

3.2 确定标准

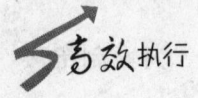

确定哪些标准

方案制定者在制定方案前,需要确定相关标准,以便在制定方案时参考。需要确定的标准有以下几种:

1. 时间标准

确定关于时间方面的标准,如:

(1)到什么时候应该完成多少任务?

(2)完成某项活动的标准时间为多少?

(3)达到某个目标所花费的时间不能超过多少?

2. 执行标准

确定关于执行方面的标准,如:

(1)什么事情应该怎么做?

(2)某项活动的标准执行流程是什么?

(3)执行过程中什么样的操作是错误的?

3. 衡量标准

确定关于衡量方面的标准,如:

(1)如何衡量这个任务完成得好坏?

(2)如何衡量执行的效率是多少?

(3)如何衡量工作进度?

4. 奖惩标准

确定关于奖惩方面的标准,如:

(1)损坏率达到多少时,相关人员会受到惩罚?

(2)提前多少天完成任务可以获得什么样的奖赏?

(3)成员获得奖赏的条件是什么?

标准的作用:

- 限制与提醒
- 参考与指导
- 评估与判断
- 激励与约束

第 3 章 方案制定

标准的相关因素

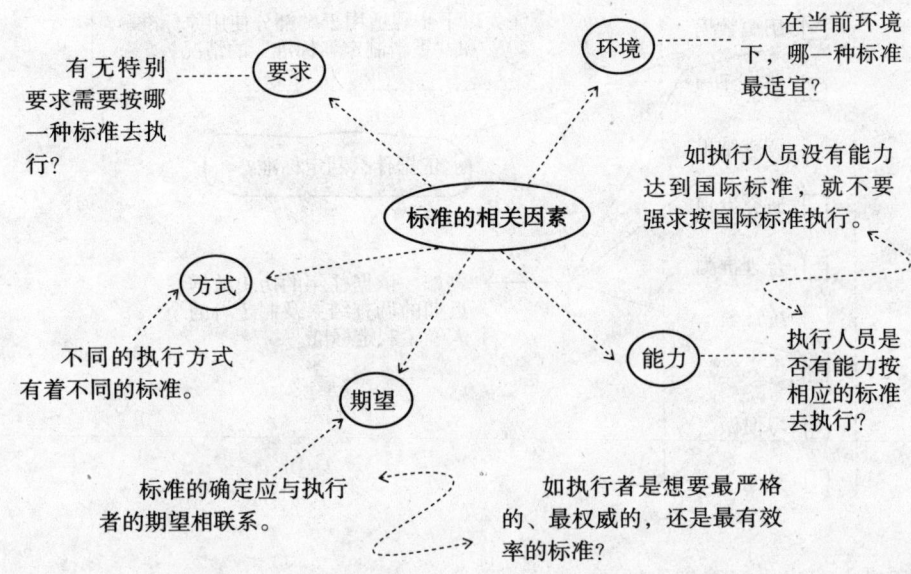

如何确定标准

第一步：确认有无现成标准。

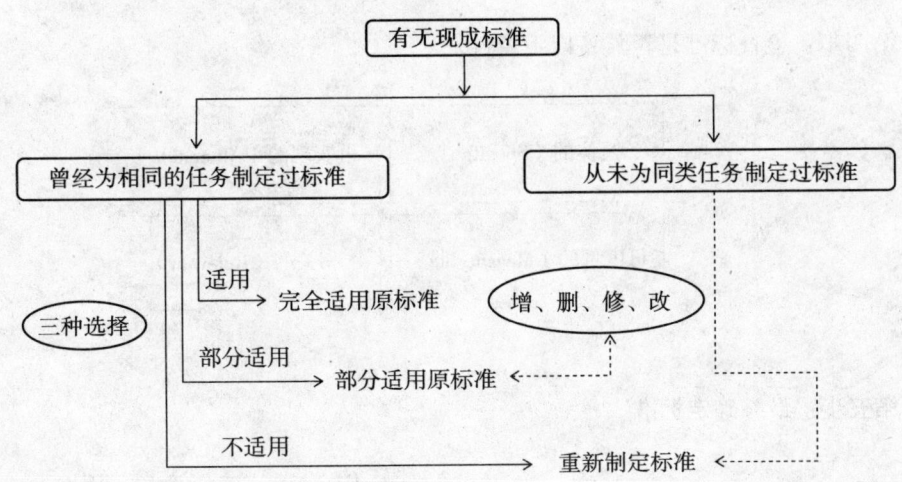

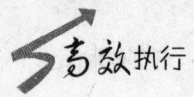

第二步：寻找制定标准的依据。

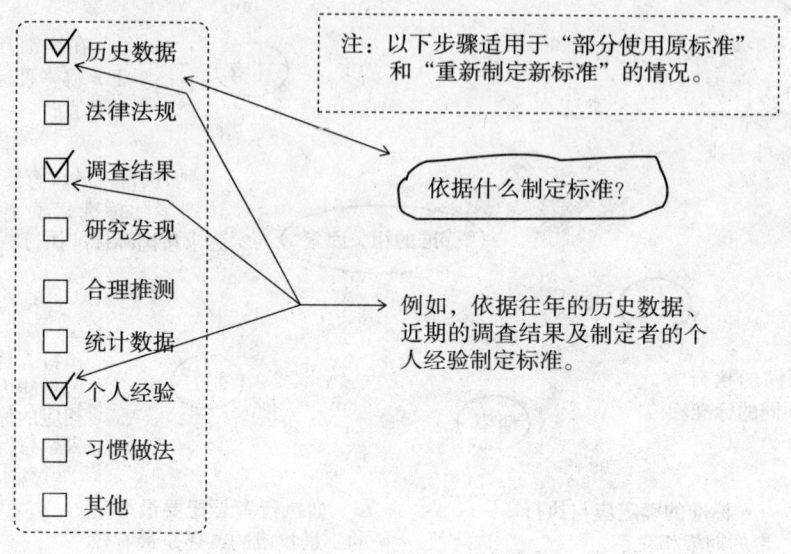

第三步：初步制定具体标准。

第四步：检查标准是否具备以下特性。

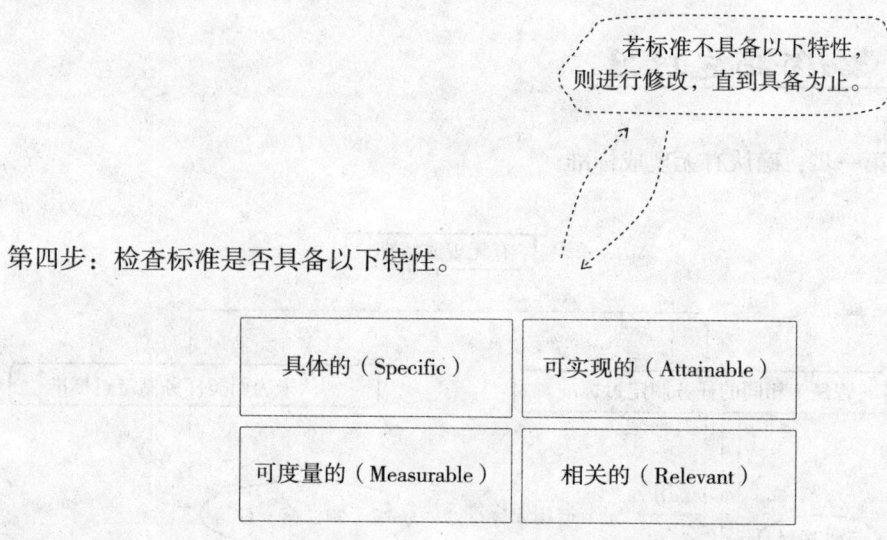

第五步：最终确定标准。

3.3 搜集信息

制定方案需要哪些信息

1. 任务信息

搜集与任务相关的信息：

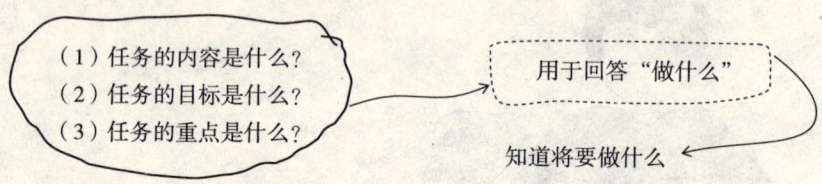

（1）任务的内容是什么？
（2）任务的目标是什么？
（3）任务的重点是什么？

用于回答"做什么"

知道将要做什么

2. 成员信息

搜集与成员相关的信息：

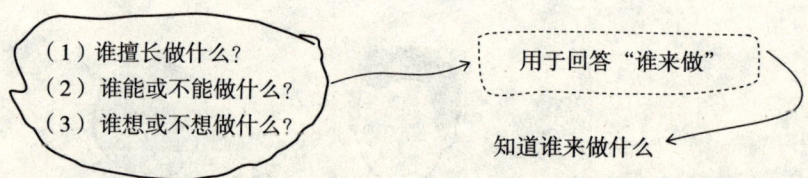

（1）谁擅长做什么？
（2）谁能或不能做什么？
（3）谁想或不想做什么？

用于回答"谁来做"

知道谁来做什么

3. 执行信息

搜集与执行相关的信息：

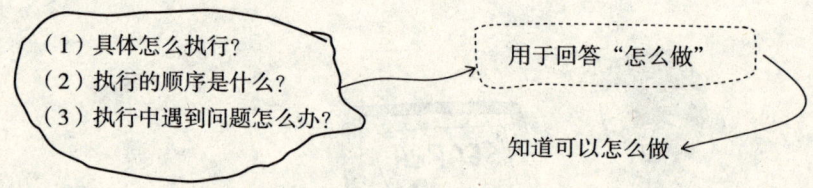

（1）具体怎么执行？
（2）执行的顺序是什么？
（3）执行中遇到问题怎么办？

用于回答"怎么做"

知道可以怎么做

4. 其他信息

搜集其他相关信息，如时间信息、场地信息、经费信息、物资信息、技术信息、风险信息等。

搜集信息的渠道有哪些

搜集信息的渠道有不同类别,方案制定者可选择相应的渠道搜集信息。

第一类信息渠道:

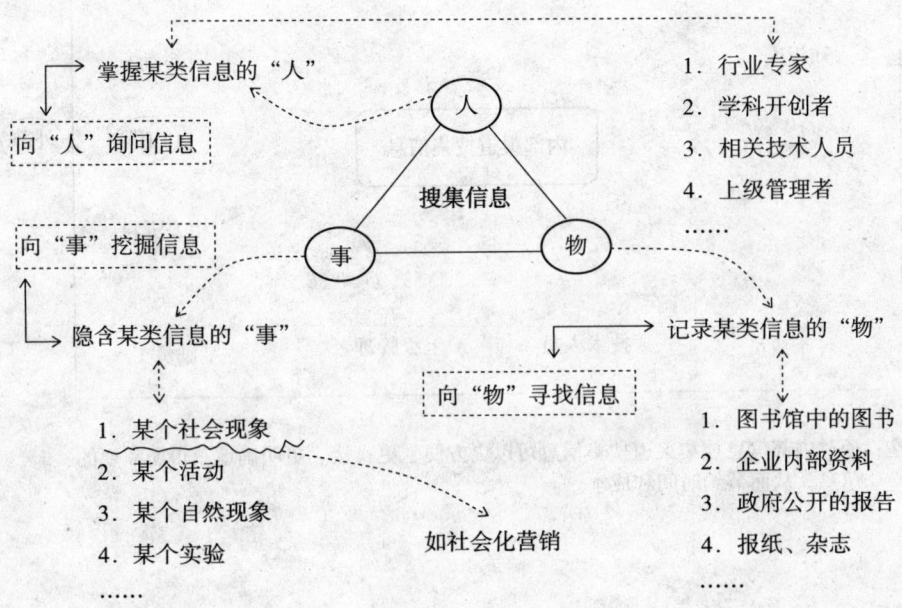

第二类信息渠道:

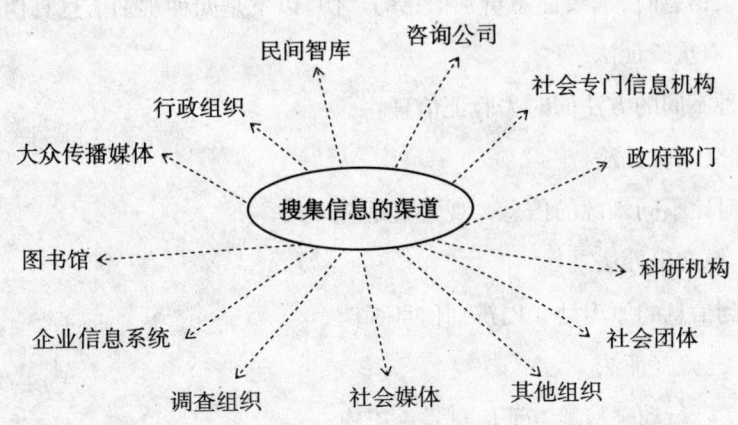

提示:知道在哪儿能找到所需要的信息是搜集信息必经的一步。

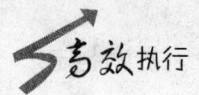

第三类信息渠道：

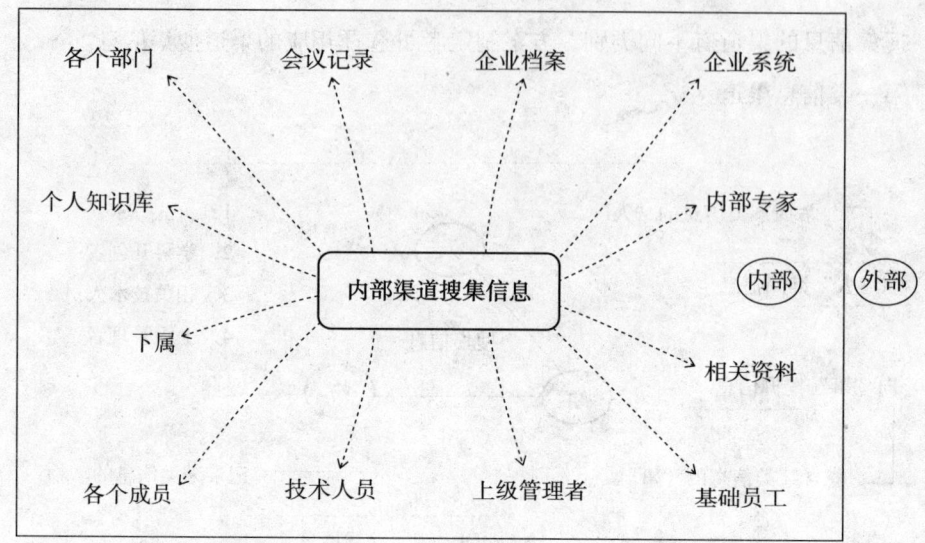

注：通过内部信息搜集渠道搜集信息可以更方便、更直接、更明确地获得所需要的信息，从而节约时间和成本。

如何辨别信息真伪

在搜集信息时，需要注意辨别信息的真伪。以下是四种辨别信息真伪的常用方法：

（1）双重验证法

用两种不同的方法同时去验证信息。

（2）交叉对比法

通过对比不同来源的信息，观察其是否一致。

（3）原文出处法

查找到信息的原出处，以辨别信息真伪。

（4）检验查证法

通过实际行动来检验查证信息是否正确。

第3章 方案制定

3.4 拟订方案

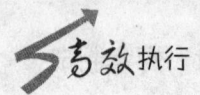

拟订方案应遵循的原则

（1）整体性原则

拟订方案时，要用整体思维去思考，注重方案的完整性。

（2）利益性原则

拟订方案时，要兼顾各方利益，做到公平和平衡。　　　　　　→ 利益相关者

（3）具体性原则

拟订的方案须有具体化的内容，让执行者能够依照执行。

（4）简洁性原则

如果没有必要，不要增加一些不相关的内容在方案中。

→ 遵循"奥卡姆剃刀原理"：如无必要，勿增实体。

如何拟订方案

1. 明确方案应该包括的内容

一个方案通常包含以下内容模块：

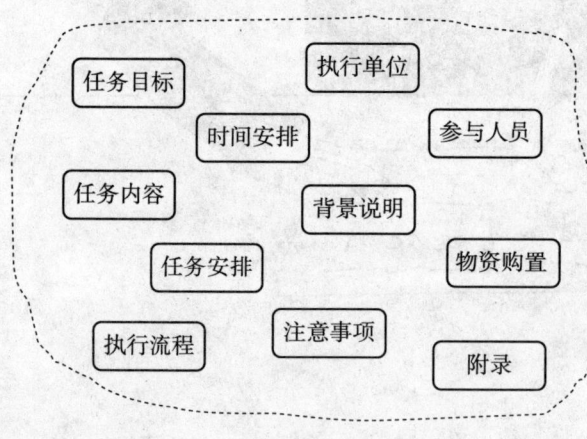

提示：不同类型的方案所包含的内容模块不尽相同，方案制定者应根据实际情况而定。

2. 拟订方案的步骤

（1）事先准备各种资料

在拟订方案前，需要事先准备好以下四类资料：

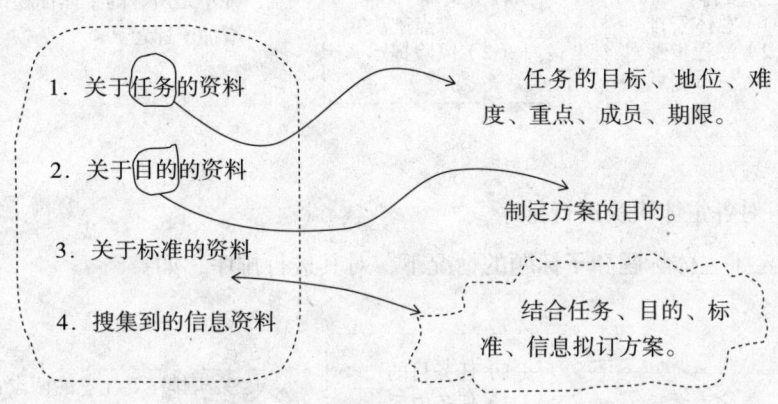

（2）构思方案总体框架

对方案的总体框架进行构思，决定方案的内容模块、表现形式及写作思路，对整个方案有一个整体的印象。

（3）列出方案主体标题

用主体标题的形式分点列出方案的主体内容模块，如：

一个简单方案的主体标题

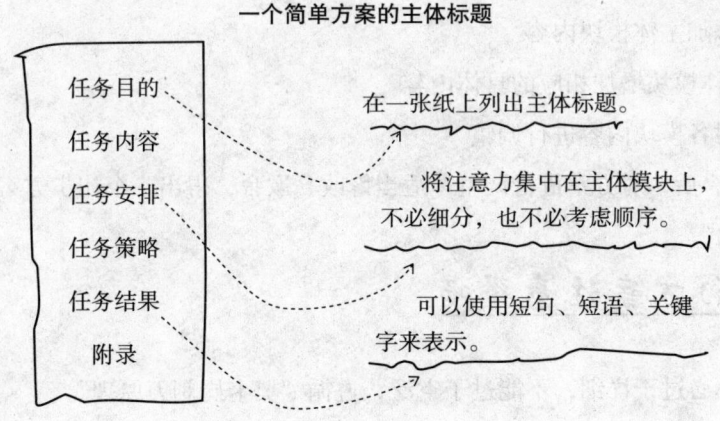

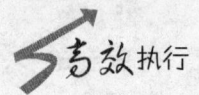

（4）为主体标题增加子标题

对主体标题进行延伸，为其增加子标题，如：

任务安排
（1）总体安排
（2）流程步骤
（3）执行要点

任务策略
（1）难点解决
（2）风险提示

注意：并不是所有的主体标题都需要增加子标题。

（5）对各主体模块进行排序

在确定了主体标题和子标题的情况下，对其进行排序，如：

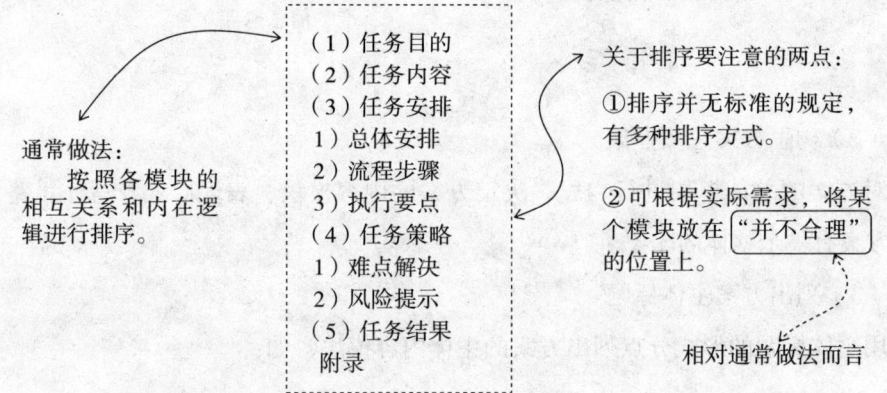

（6）添加主体模块内容

为各主体模块增加相应的具体内容。

（7）对各模块内容进行调整

增加内容后，对方案进行调整，适当修改、取舍，得出一个初步方案。

拟订方案注意事项

（1）不必过于详细，不能过于空泛，遵循"奥卡姆剃刀原理"。

（2）整个方案不能太长，也不能太短，篇幅应适中。

3.5 评估风险

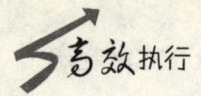

方案风险评估的三个认识

1. 总体指导思想

方案风险评估的总体指导思想可以为：

> "正确的人在正确的时间和正确的地点以正确的方式做正确的事。"

例如：

> 王强擅长市场调查，但分配给他的工作却是销售。张洋擅长销售，但分配给他的工作却是市场调查。

这样的方案是存在风险的　　　　　　　　　　人与事搭配出错

　　　　　　　　　　　　　　　　成员任务分配不合理

2. 方案风险评估的考虑因素

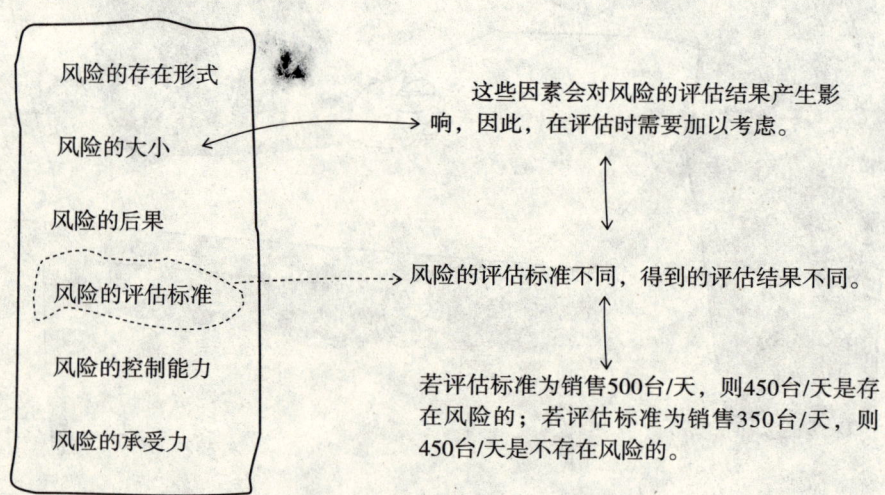

- 风险的存在形式
- 风险的大小
- 风险的后果
- 风险的评估标准
- 风险的控制能力
- 风险的承受力

这些因素会对风险的评估结果产生影响，因此，在评估时需要加以考虑。

风险的评估标准不同，得到的评估结果不同。

若评估标准为销售500台/天，则450台/天是存在风险的；若评估标准为销售350台/天，则450台/天是不存在风险的。

3. 方案风险评估的参考特性

通过判断方案是否具备以下特性来评估方案是否可能存在风险。

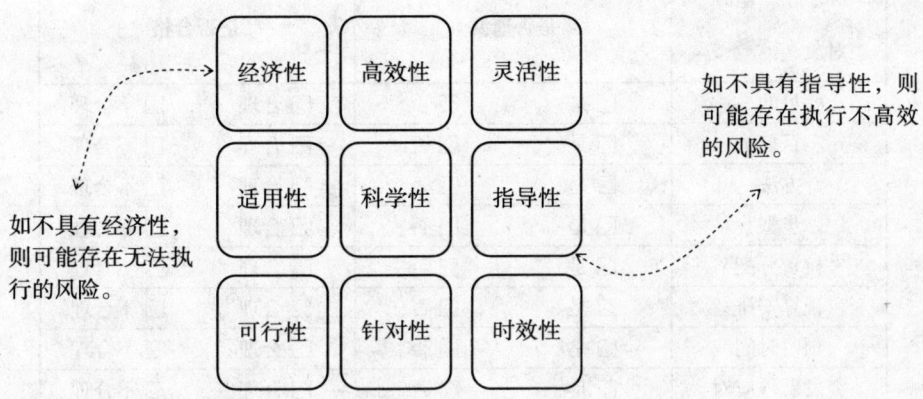

如不具有经济性，则可能存在无法执行的风险。

如不具有指导性，则可能存在执行不高效的风险。

方案风险的评估问题表

风险评估问题表

- ☐ 方案是否符合任务目标？
- ☐ 方案是否符合方案目的？
- ☐ 方案是否具有技术可行性？
- ☐ 方案是否具有经济可行性？
- ☐ 方案中的背景是否与当前符合？
- ☐ 方案中是否存在常识性的错误？
- ☐ 方案中的时间安排是否合理？
- ☐ 这个方案中的数据是否正确？
- ☐ 这个方案有没有漏洞？
- ☐ 这个方案是否存在不合理的地方？

通过提出问题和回答问题来评估方案的风险。

如当前的背景环境发生了巨大的变化，方案中的背景描述已经不正确了，方案存在风险。

如方案中引用了网络上某个不正确的数据，方案存在风险。

方案风险分析评估表

事项 / 对象	是否遗漏		是否合格	
目的	□ 是	□ 否	□ 合理	□ 不合理
目标	□ 是	□ 否	□ 合理	□ 不合理
方法	□ 是	□ 否	□ 合理	□ 不合理
步骤	□ 是	□ 否	□ 合理	□ 不合理
权责分配	□ 是	□ 否	□ 合理	□ 不合理
预算安排	□ 是	□ 否	□ 合理	□ 不合理
预留时间	□ 是	□ 否	□ 合理	□ 不合理
突发事件应对	□ 是	□ 否	□ 合理	□ 不合理

方案风险评估结果处理

对方案风险评估结果的三种处理方式：

（1）修改方案

> 存在重大风险隐患
> 风险超过了执行者的风险承受范围
> 通过适当的小改动可消除风险

小的修改比制定应急方案和启动预防机制更简便。

（2）制定应急方案

> 风险在执行者可承受的范围内
> 风险发生的概率较低

并不是所有的风险都需要消除。

（3）启动预防机制和防范机制

> 风险无法消除
> 风险在可控的范围内

并不是所有的风险都能够消除。

3.6 确定方案

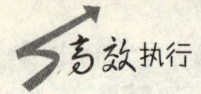

确定方案前要确认

1. 常规确认

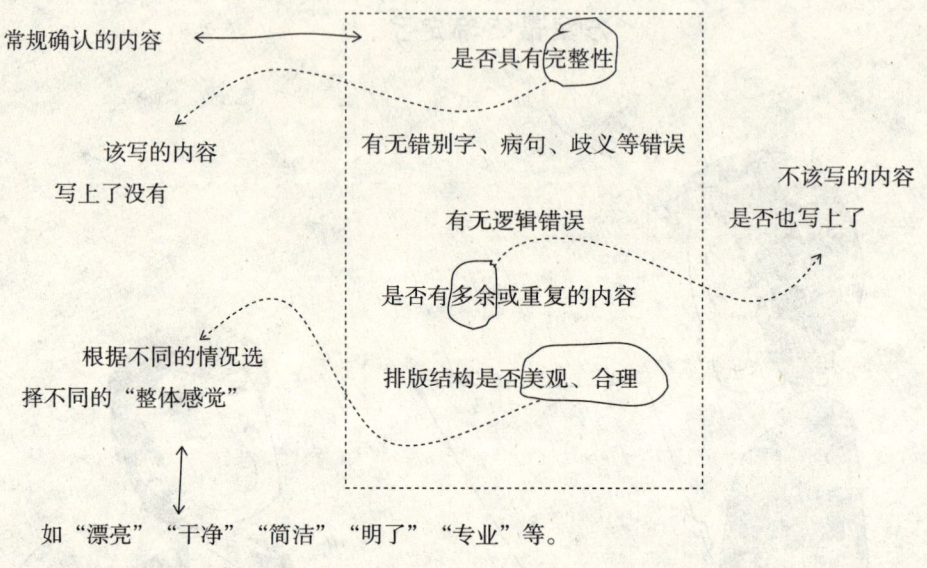

如"漂亮""干净""简洁""明了""专业"等。

2. 风险确认

对风险的确认主要有以下三项：

（1）方案是否存在风险？

（2）若存在风险，是否需要修改方案或加入风险防控内容？

（3）若存在风险，是否需要启动风险防范机制？

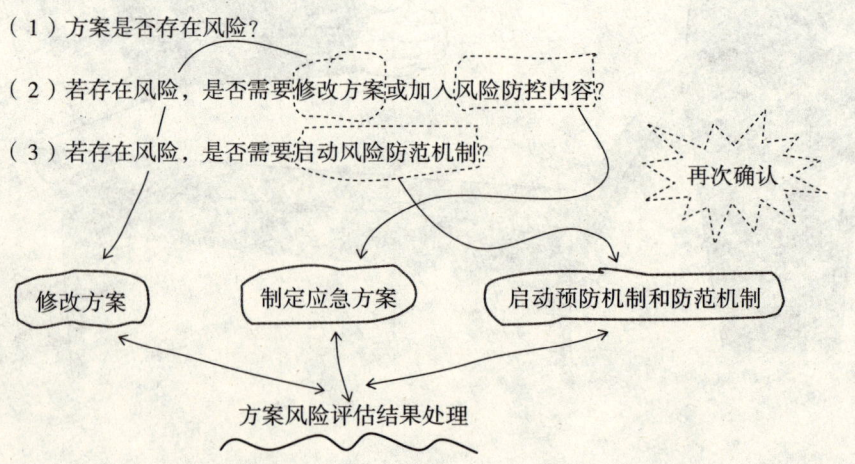

3. 信息确认

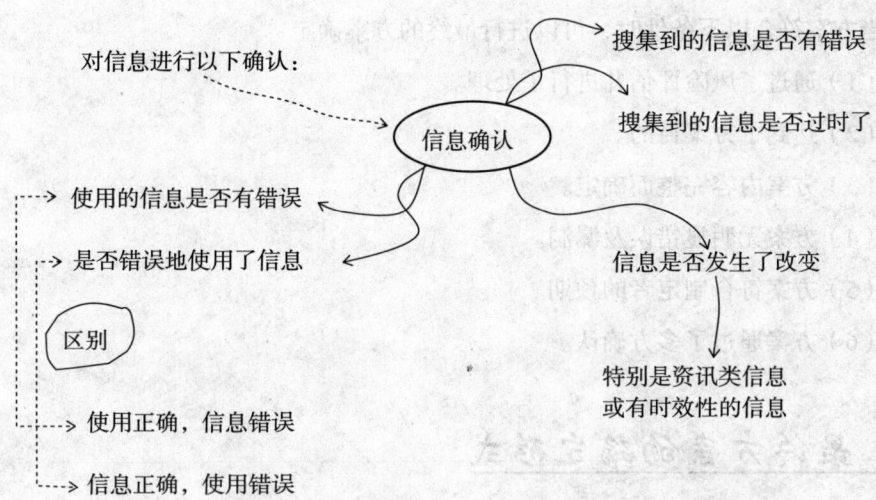

4. 成员确认

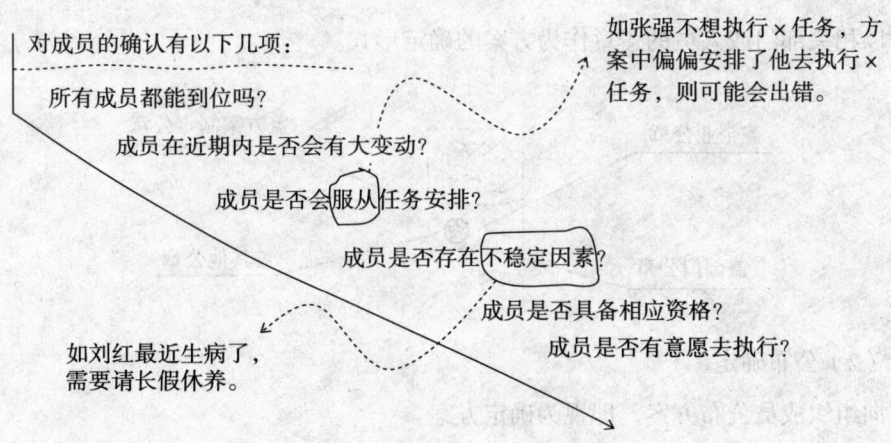

5. 其他确认

（1）确认方案是否符合预期。

（2）确认上级领导是否对任务进行了修改。

（3）确认外部环境因素是否会对方案产生重大影响。

（4）确认方案是否还需要修改。

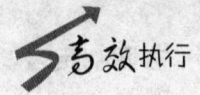

可以确定的方案情况

当方案符合以下条件时，可以进行最终的方案确定：

（1）通过了风险评估并进行了处理。

（2）达到了方案目的。

（3）方案内容完整而确定。

（4）方案无明显错误及漏洞。

（5）方案符合制定者的预期。

（6）方案通过了多方确认。

最终方案的确定形式

最终方案的确定形式有以下几种：

（1）盖章确定

以相关部门或人员的盖章作为方案的确定形式。

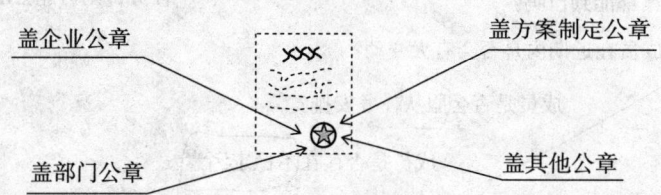

（2）公布确定

向组织成员公布方案，即视为确定方案。

（3）打印确定

将方案打印出来，分发给相关人员，即视为确定方案。

（4）签字确定

以相关部门或人员的签字作为方案的确定形式。

第4章

方案实施

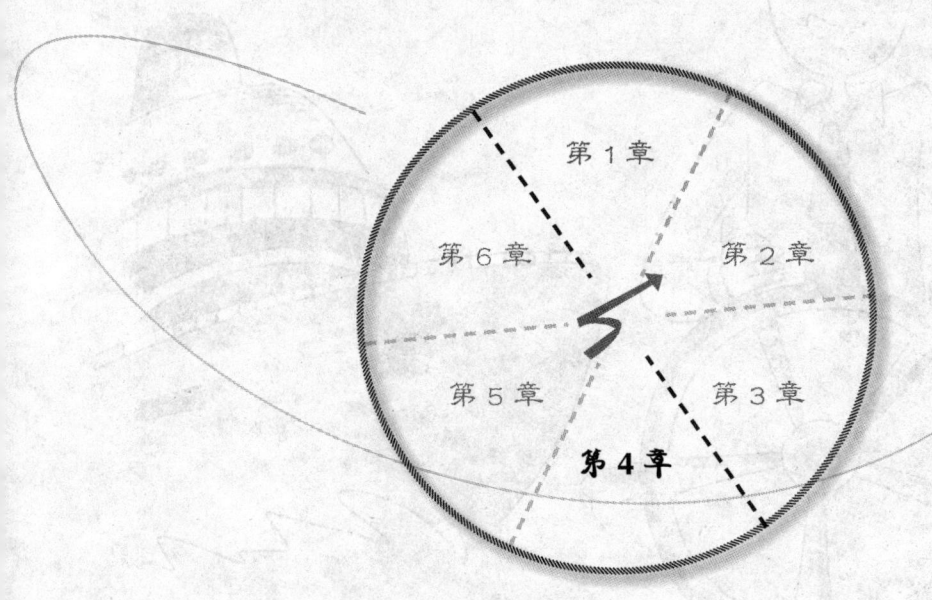

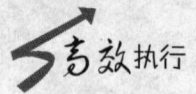

运用技巧提高效率
科学管理执行时间
分解计划注意细节
分工协作专人专责
结果导向指导行动
积极沟通互通有无

第4章 方案实施

4.1 运用技巧提高效率

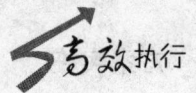

方案确定之后,便进入了实质性的执行阶段,有些执行者四处奔走、加班工作却收获甚微,付出与收获不成正比的最大原因便是效率低下。

效率低下的因素:

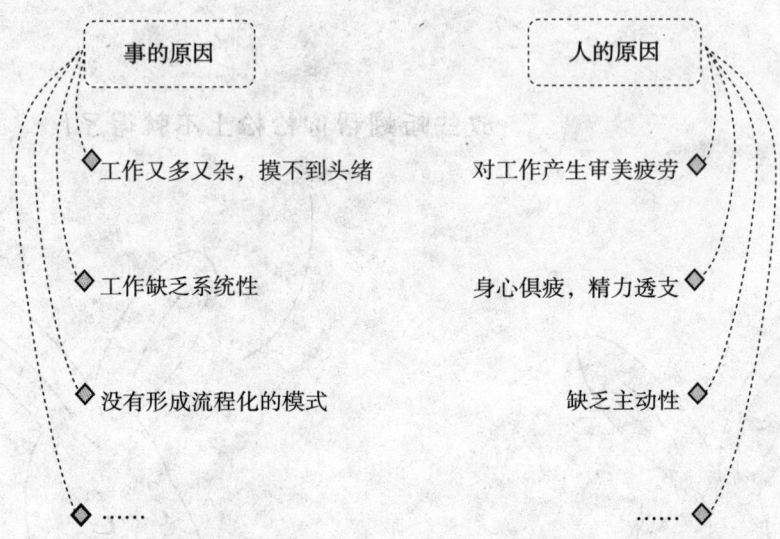

综合上图得出,客观上工作的杂乱和主观上身心的疲惫是造成效率低下的两大原因,想要提高效率需要运用相应的技巧来化解两大难题。

面对杂乱的工作,如何提高效率

1. 优先矩阵技巧

此技巧要求执行者每天早上拿出 10 分钟对待办事项进行判断,归纳为四类:
- ◆ 紧急且重要的事。
- ◆ 重要但不紧急的事。
- ◆ 紧急但不重要的事。
- ◆ 既不紧急也不重要的事。

进而按照事项的分类确定待办事项的处理顺序。

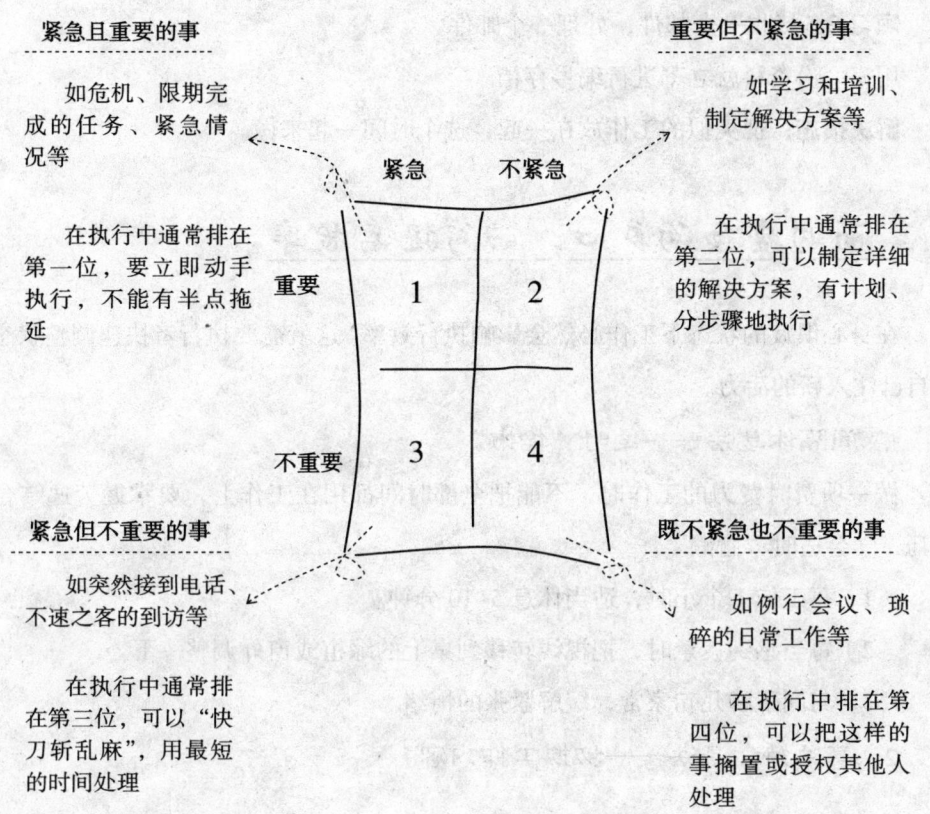

2. 日常工作小技巧

小的工作陋习看似不是问题，但是却会在工作流程上影响执行的效率。

陋习1：把时间浪费在经常做的重复性工作上，如给客户发邮件、回复客户提问等。

解决措施：为此类工作建立特定的模板，只需注意更改部分关键信息。

陋习2：喜欢把资料分摊在桌子上，需要用的时候再翻找。

电脑桌面一团糟，总是找不到存储的资料。

用完的资料从不编号，过分相信自己的记忆力。

解决措施：针对电脑里的资料，按照正在使用的、使用完毕的分为两个大类，再根据工作的性质划分小类别。针对纸质资料，同样也要分为两类，并对使用过的资料进行编号存档。

陋习3：接收一个邮件，处理一个邮件。

用完一份资料就立刻进行编号存档。

解决措施：把类似的工作放在一起，选个时间一起来做。

面对疲惫的身心，如何提高效率

在身心俱疲的状态下工作必然会影响执行效率。这就需要执行者快速调整状态，为自己注入新的活力。

1. 间隔休息法——适时"偷懒"

做一项费时费力的工作时，不能把全部时间都用在工作上，要掌握劳逸结合的技巧，学会适时"偷懒"。

（1）每工作1个小时，适当休息5~10分钟。

（2）每当感到疲惫时，把视线转移到桌上的绿植或窗外调整一下。

（3）与同事聊几句家常，缓解紧张的情绪。

2. 莫法特休息法——切换工作内容

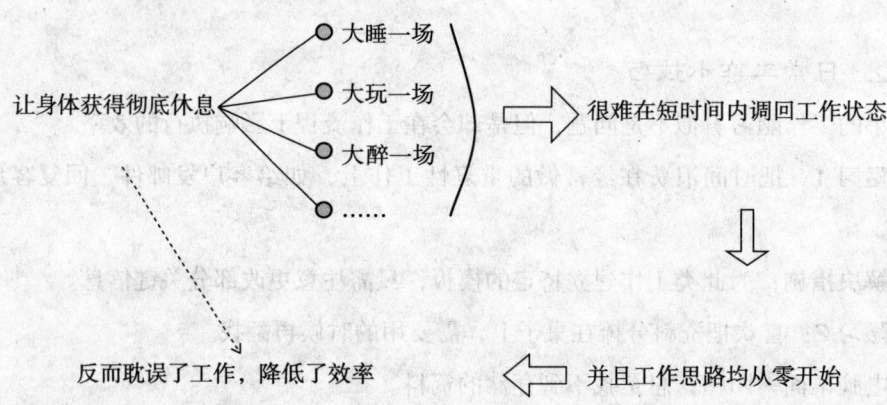

人的脑力和体力如果长时间持续同一项工作内容，身体就会产生疲劳，降低执行效率。所以，若要保证身心得到休息调整，又要保证高效率的工作，可以尝试采用莫法特休息法。

第4章 方案实施

詹姆斯·莫法特的书房里有三张桌子，每张桌子上摆放着不同的工作。

| 需要翻译的书稿 | 论文原稿 | 正在写的一部小说 |

莫法特休息法就是从一张书桌换到另一张书桌，继续工作。

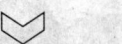

运用好莫法特法则需要把握三个关键点：

1. 从不同角度安排休息

即使不更换工作对象，只改变工作角度也会调动兴奋点。

例如做一个策划案，如果实在疲惫得想不出思路，可以先去搜集素材。

2. 动静结合安排休息

保持一个姿势，在一个固定场所工作很容易感到疲劳，可以改变姿势或换个工作场所进行调节。

3. 体智结合安排休息

有些工作可能需要耗费较多的脑力，有些工作则需耗费较多的体力，可以将两者交替安排，使身体和大脑交替休息。

4.2 科学管理执行时间

——管理时间越科学,执行方案越轻松。

第4章 方案实施

 执行难题——时间不够用

在执行过程中有不少人存在和 Jack 一样的问题，运用方法技巧对时间进行科学的管理才是解决之道。

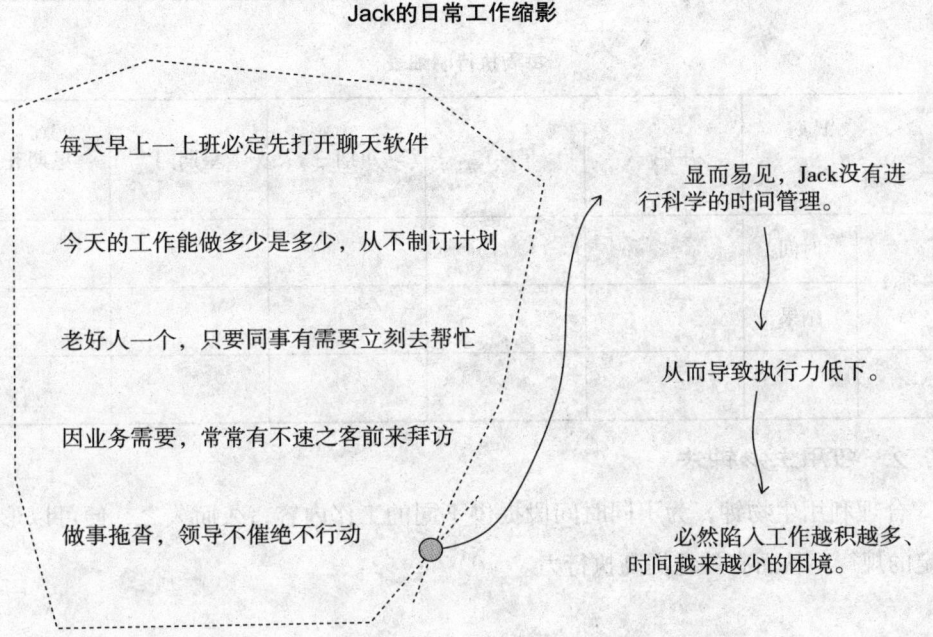

 科学管理执行时间的方法

时间不可以增加、替代和储存，但可以进行管理。通过合理安排时间、适当挤压时间、杜绝浪费时间等方面可以对执行时间进行科学有效的管理，从而达到高效执行的目的。

1. 时间规划法

科学管理时间的前提是必须做好时间规划。制定每日、每周工作执行明细表，明确列出计划用时及实际用时，通过对比，发现执行工作与预期目标的差距。

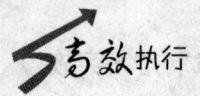

每日执行明细表

优先等级	待办事项或工作计划	计划用时	执行情况	实际用时	备注

每周执行明细表

事项\日期		星期一	星期二	星期三	星期四	星期五
事项1	时间					
	结果					
……						

2. 巧用生物钟法

合理利用生物钟,为不同时间段提供不同的工作内容,久而久之,便可以形成特定的规律,从而有效地提高执行力。

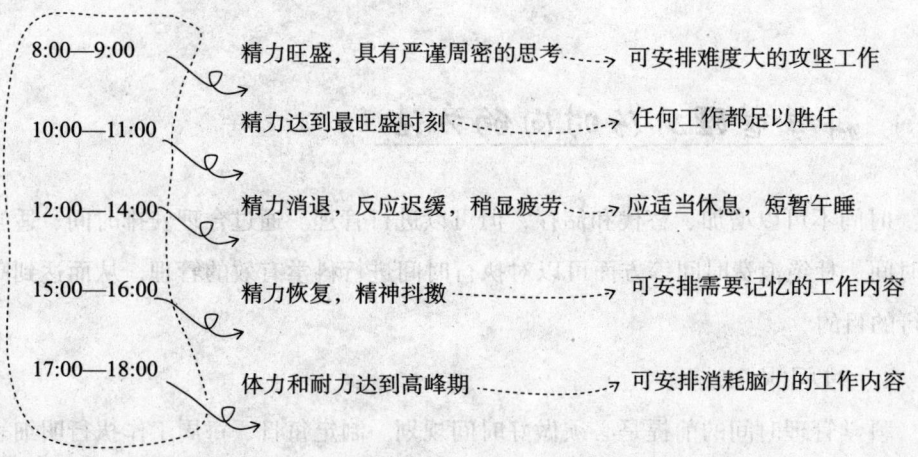

8:00—9:00　精力旺盛,具有严谨周密的思考 → 可安排难度大的攻坚工作

10:00—11:00　精力达到最旺盛时刻 → 任何工作都足以胜任

12:00—14:00　精力消退,反应迟缓,稍显疲劳 → 应适当休息,短暂午睡

15:00—16:00　精力恢复,精神抖擞 → 可安排需要记忆的工作内容

17:00—18:00　体力和耐力达到高峰期 → 可安排消耗脑力的工作内容

3. 排除干扰法

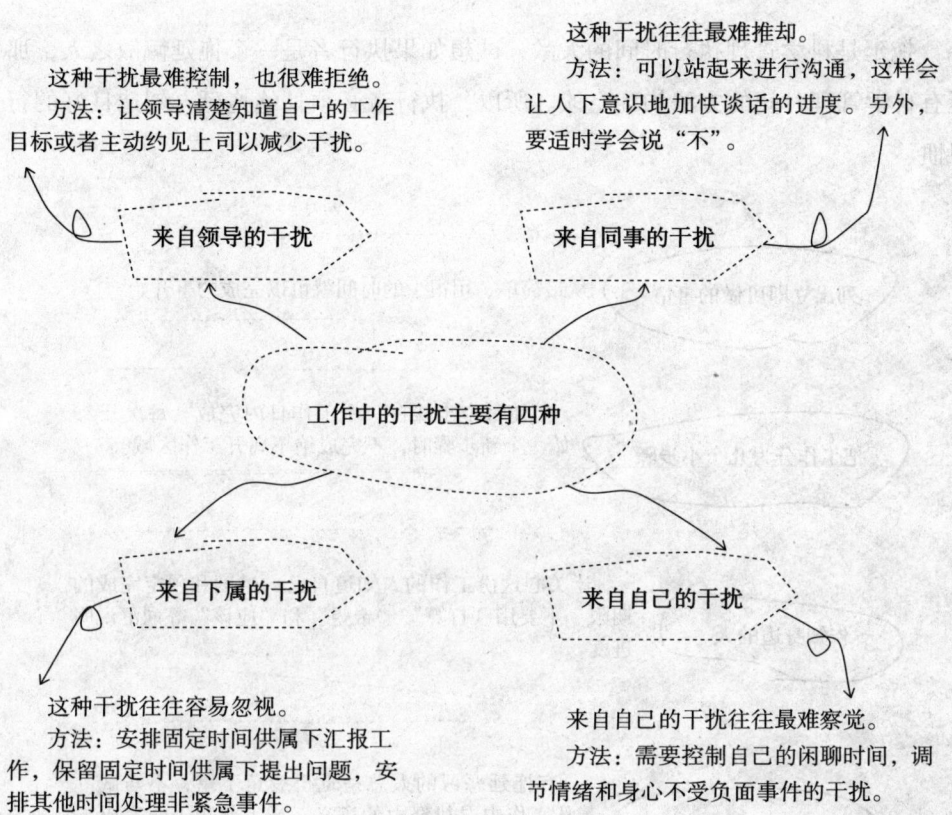

这种干扰最难控制，也很难拒绝。
方法：让领导清楚知道自己的工作目标或者主动约见上司以减少干扰。

来自领导的干扰

这种干扰往往最难推却。
方法：可以站起来进行沟通，这样会让人下意识地加快谈话的进度。另外，要适时学会说"不"。

来自同事的干扰

工作中的干扰主要有四种

来自下属的干扰

这种干扰往往容易忽视。
方法：安排固定时间供属下汇报工作，保留固定时间供属下提出问题，安排其他时间处理非紧急事件。

来自自己的干扰

来自自己的干扰往往最难察觉。
方法：需要控制自己的闲聊时间，调节情绪和身心不受负面事件的干扰。

4. 巧用零碎时间法

把时间看成小的时间单位，例如把一天换算成24小时，把1小时换算成60分钟，把1分钟换算成60秒钟。用零碎的时间做零碎的事情。

（1）处理工作中的杂事。

（2）请教处理问题的技巧。

（3）整理办公桌上的资料。

（4）学习零碎的知识。

（5）与同事之间资源共享一下。

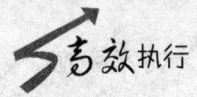

杜绝拖延，否则一切为空谈

拖延是科学管理执行时间的大敌，试想如果执行者是一个拖延懒散之人，那么所有科学管理时间的方法均为空谈。所以，执行者必须杜绝拖延，塑造良好的行为习惯。

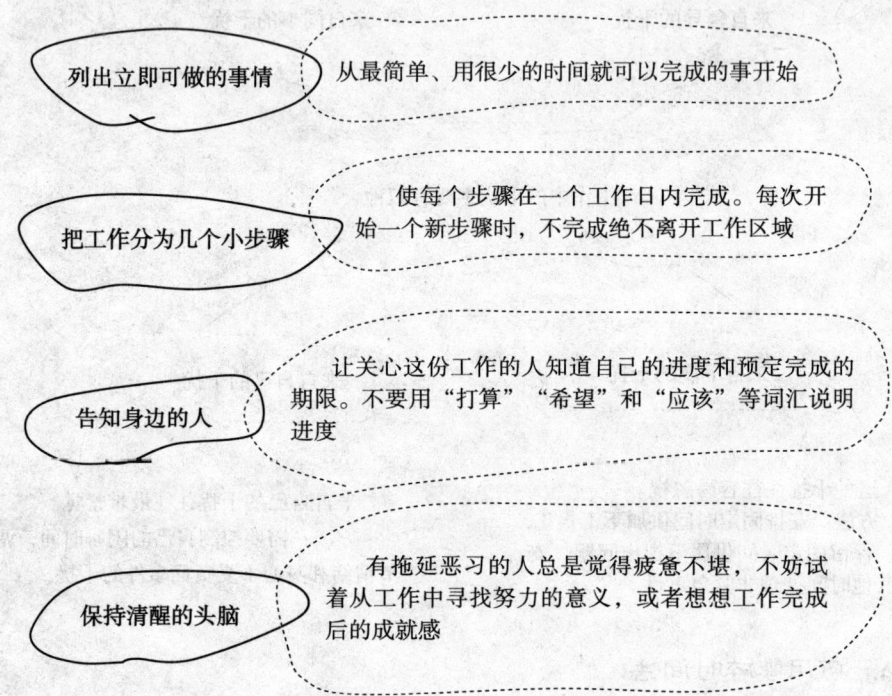

4.3 分解计划注意细节

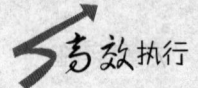

 执行难题——目标太宽泛

先来看一个故事：

一位科学家把30人分为A、B、C三组，让他们分别走到50千米外的村子里去。

A组人员：不知道路程有多远，不知道村子的名字，只管跟着向导不停地走。
结果：不到一半的路程，大家开始抱怨；走完3/4的路程，大家都愤怒了；走完全程花费的时间是最长的，而且大家也很痛苦。

看不到目标容易让人心生愤怒。

计划中只设定一个终极目标，容易使人畏怯。

B组人员：知道村子的名字，知道路线和重点，但是路上没有路牌，不知道时间和速度，只能根据经验估计。
结果：走到一半的距离，有人开始询问；走完3/4的路程，大家普遍情绪低落；最后花费的时间也是比较长的。

C组人员：不仅知道方向，也知道终点位置，而且路程上还有路牌，向导有手表，还知道大家行进的速度，明确剩下的距离。
结果：一路上大家有说有笑，在快乐的情绪中走完全程，花费的时间是最短的。

在计划实施过程中，目标被分解得越具体、越细化，越容易实现。

在方案实施过程中，执行者针对预定计划进行清晰具体的分解，就能做到心中有数，从而克服完成方案过程中的恐惧感，自觉地克服困难，努力完成预定计划。

第4章　方案实施

 如何分解计划

一个恰当的计划分解过程，可以按照 WBS 任务分解法进行分解，做到把定性的目标分解为定量的目标，把需要数人共同完成的任务分解为每个人应完成的任务，只有这样，才能知道什么时候做什么事，该怎样做。

1. 分解计划的方法

（1）类比法

以之前做过的一个类似项目为基础来分解本计划，这样既能做到分解不盲目、有依据，又可以做到查缺补漏，使分解的计划更加完善。

（2）自上而下法

从总计划开始分解，逐步分解为下一级的多个子项。这个方法需要不断增加级数，细化工作任务。

以计划完成一项"消费者市场调查"的任务简单演示

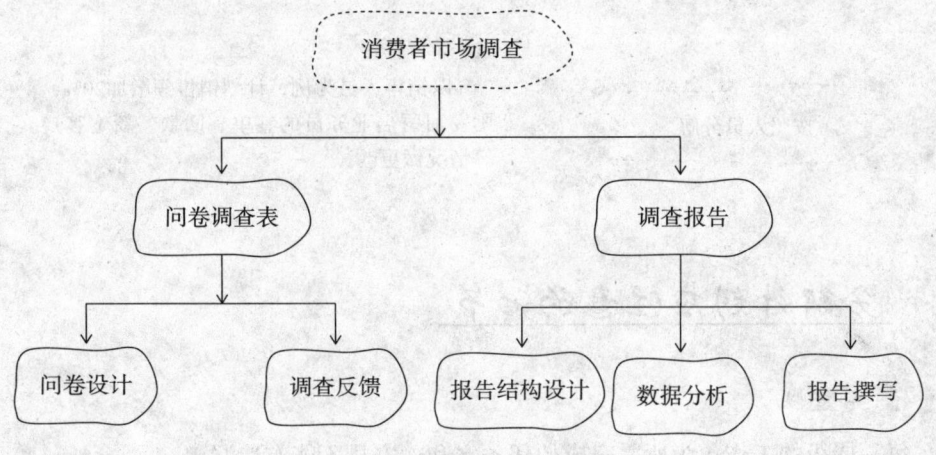

（3）自下而上法

让所有参与的执行者从一开始就尽可能地确定相关各项具体任务，然后将各项具体任务进行整合，并按照任务的性质汇总到不同的级别中去。

2. 分解计划的方式

计划的分解可以采用多种方式进行，下面列举一些常用的分解方式。

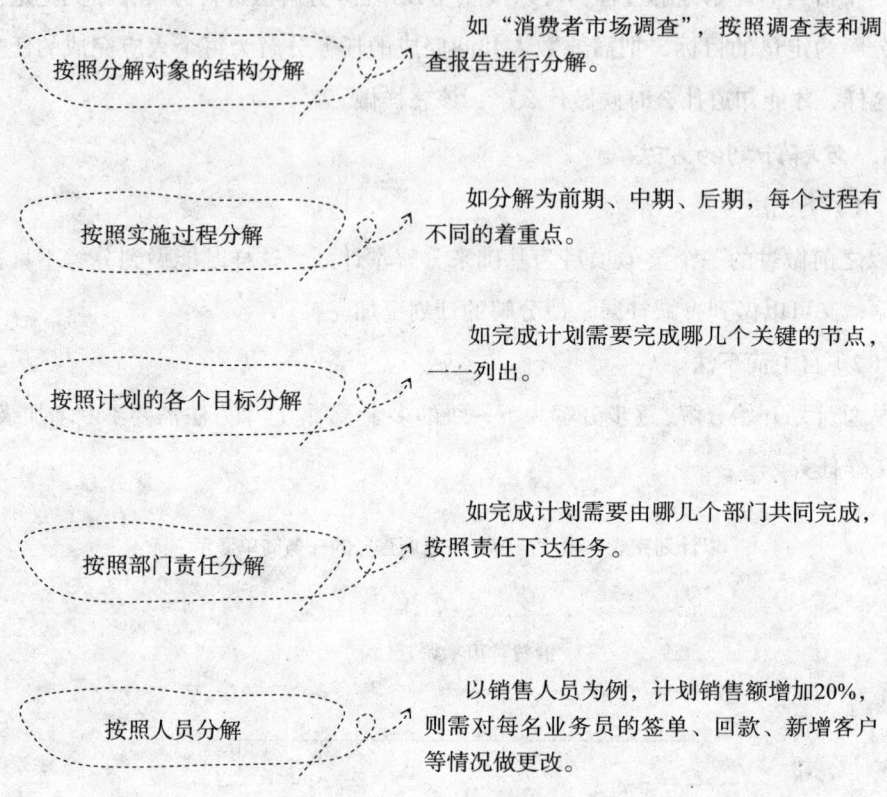

按照分解对象的结构分解	如"消费者市场调查"，按照调查表和调查报告进行分解。
按照实施过程分解	如分解为前期、中期、后期，每个过程有不同的着重点。
按照计划的各个目标分解	如完成计划需要完成哪几个关键的节点，一一列出。
按照部门责任分解	如完成计划需要由哪几个部门共同完成，按照责任下达任务。
按照人员分解	以销售人员为例，计划销售额增加20%，则需对每名业务员的签单、回款、新增客户等情况做更改。

分解计划应注意的细节

1. 完整性

每一层级的工作包为所需完成的任务之和，安排不能有遗漏。

2. 合理分解

分解计划既不能过细也不能过粗，分解过细则增加工作量，并容易丢失工作重点，过粗将难以控制。

3. 不重复

每项任务只能在分解过程中出现一次。

4. 责任到人

每个分解节点只能由一个责任人来负责,有利于责任的落实。

5. 把握时间跨度

规划好每项任务的完成时间,以便能在同一时间段完成。

工作分配表模板

对工作计划分解完成后,可以采用以下模板分配任务及记录进度。

任务阶段	任务要求	工作内容	计划进度	负责人	实际进度	进度总结
1						
2						
3						
备注						

4.4 分工协作专人专责

执行难题——消极执行

在一些企业中经常见到以下情况:

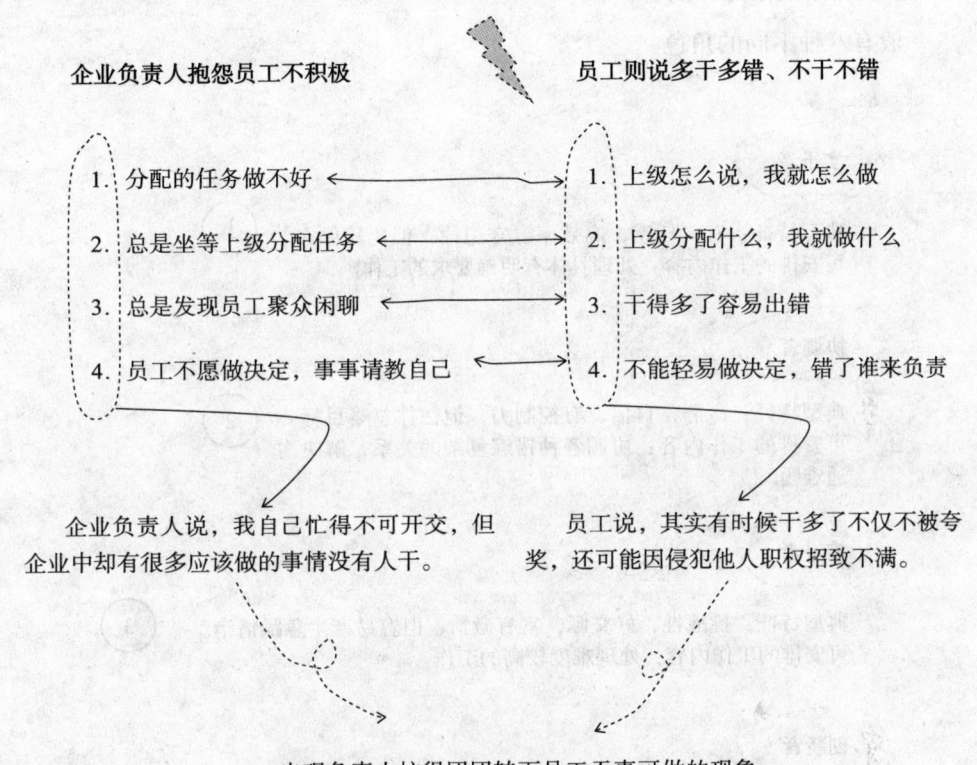

出现负责人忙得团团转而员工无事可做的现象,
通常是由于分工不明、缺乏协作造成的。

在方案实施过程中,团队内部分工不明确、协作不顺畅,会让人们产生消极执行的态度。所以,若要成就高效执行力,做好团队内部的分工协作十分重要。

如何做到分工协作专人专责

要做到分工协作,不仅需要团队领导人慧眼识人,对每个执行者进行明确的分工,也需要每个执行者具备相互信任、协作和配合的精神。

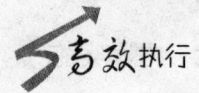

1. 明确分工

团队领导者要熟悉每个执行者的才能和个性，并且具有敏锐的判断力，例如了解其性格是外向还是内向、了解成员的技能等，帮助其认清各自的角色，根据每个人的特点安排不同的工作内容。

一般有八种不同的角色。

实干者

典型特征：有责任感，高效率，守纪律，但比较保守。
可安排的工作内容：处理具体有明确要求的工作。 ①

协调者

典型特征：冷静，自信，有控制力，但往往忽略目标。
可安排的工作内容：协调各种错综复杂的关系，解决沟通难题。 ②

推进者

典型特征：挑战性，好交际，富有激情，但容易产生急躁情绪。
可安排的工作内容：处理难度较高的工作。 ③

创新者

典型特征：有创造力，思维活跃，但往往个人主义观念强烈。
可安排的工作内容：需要一定思考和创新的工作。 ④

信息者

典型特征：外向，热情，善于交际，但不讲究说话艺术。
可安排的工作内容：需要发掘新信息的工作。 ⑤

监督者

典型特征：冷静，不易激动，谨慎，但缺乏鼓励他人的能力。
可安排的工作内容：分析和评价方面的工作。 ⑥

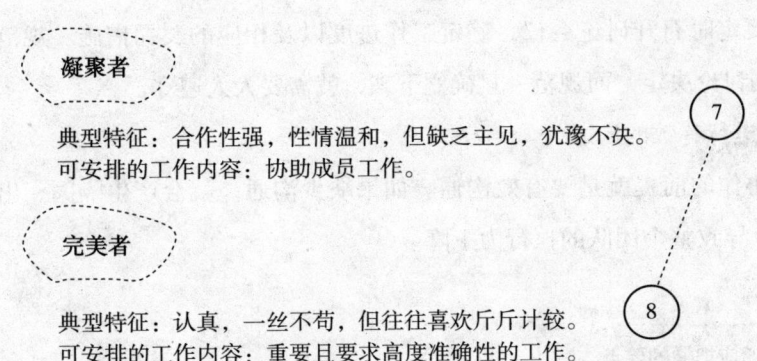

典型特征：合作性强，性情温和，但缺乏主见，犹豫不决。
可安排的工作内容：协助成员工作。

典型特征：认真，一丝不苟，但往往喜欢斤斤计较。
可安排的工作内容：重要且要求高度准确性的工作。

对每个执行者的角色进行定位并分工后，还需针对责任、权力等进行明确的区分和限定，即编制岗位职能说明书，做到专人专责，责任到人，充分调动执行者的积极性。

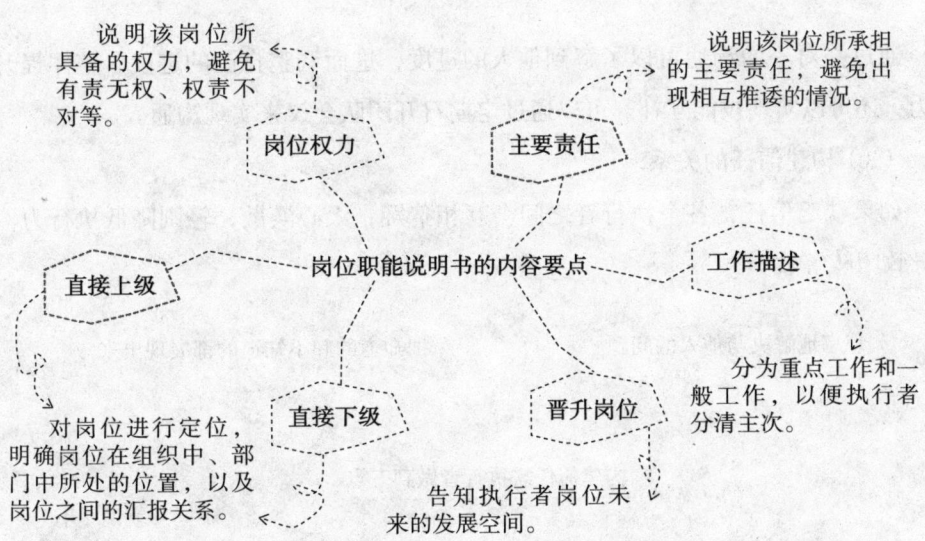

2. 互相协作

（1）建立良好的规范

在明确各个执行者的分工后，若要使各个执行者互相协作，确立一定的规范非常必要。

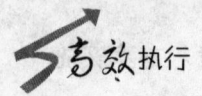

比如要定时召开讨论会议，确定工作进度以及相应的奖罚措施。规范的确立要与成员共同讨论决定，而规范一旦确立下来，就需要人人遵守。

（2）进行有效的沟通

互相协作的前提就是要有效沟通。如果缺少沟通，就会产生隔阂、出现矛盾、形成内耗，导致整个团队的执行力下降。

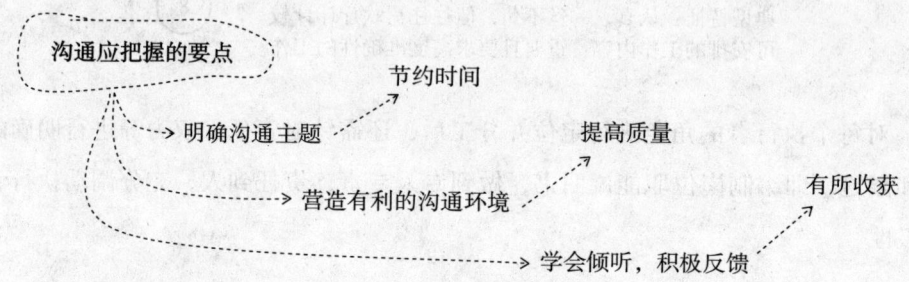

通过一对一的沟通可以了解到他人的进度，进而调整自己的进度，整体提升执行力，还可以实现技能互补。可以通过定期召开团队会议来实现沟通。

（3）构建信任的关系

如果缺乏信任，各个执行者之间会互相猜疑，人心涣散，轻则降低执行力，重则导致团队解散。

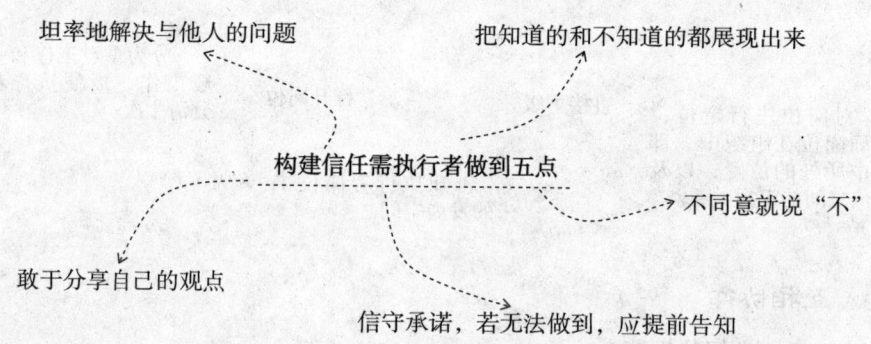

第4章 方案实施

4.5　结果导向指导行动

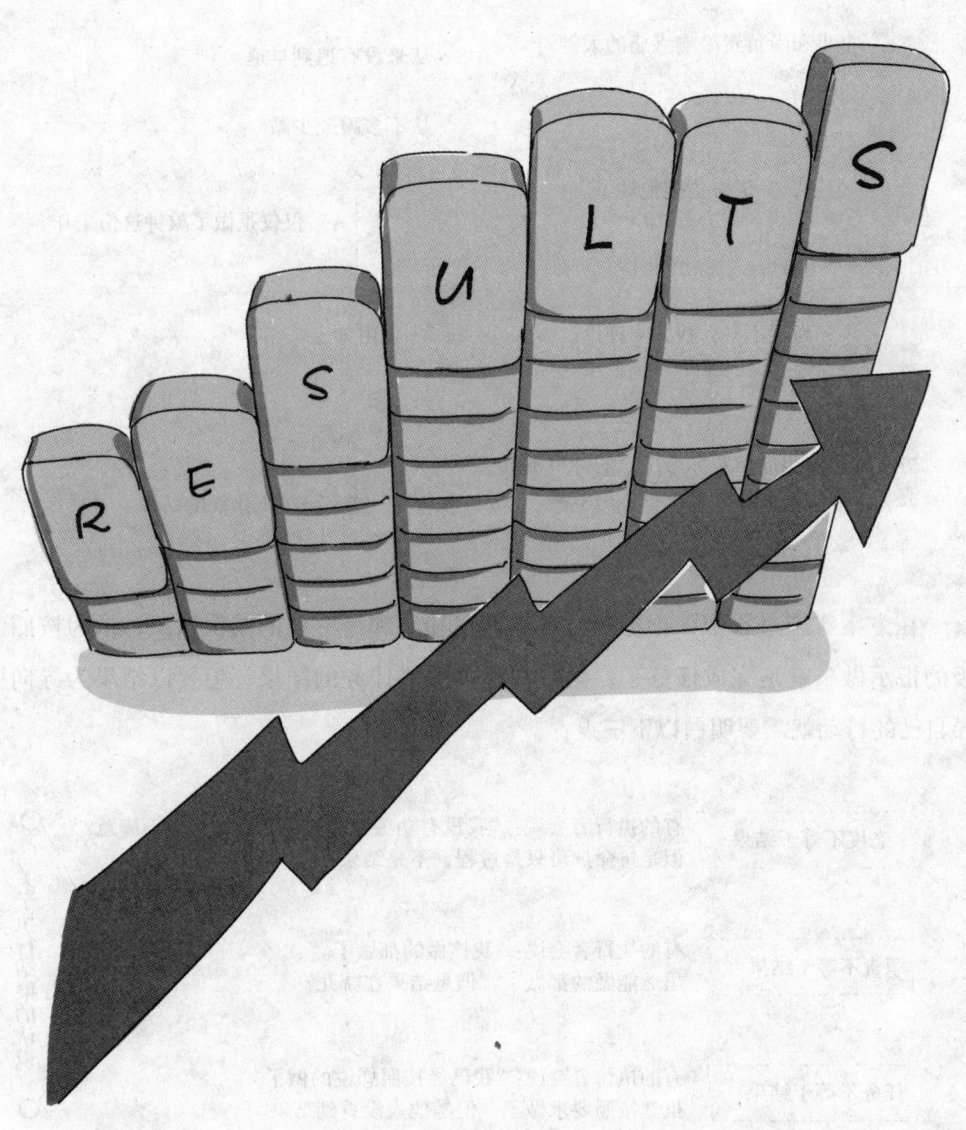

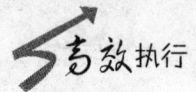

 执行难题——结果不尽如人意

通过一个小故事认识结果导向。

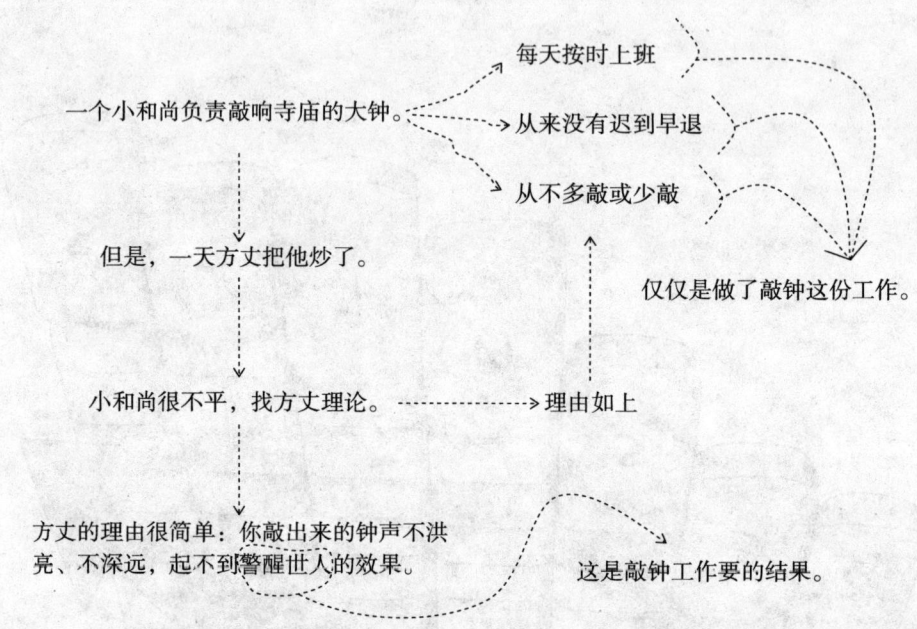

在方案实施过程中，很多执行者都存在和小和尚一样的错误认识，认为按照上级的指示做事就是完成任务了，但是却很少关注任务的结果。想要以结果为导向引导自己的行动就需要明白以下三点：

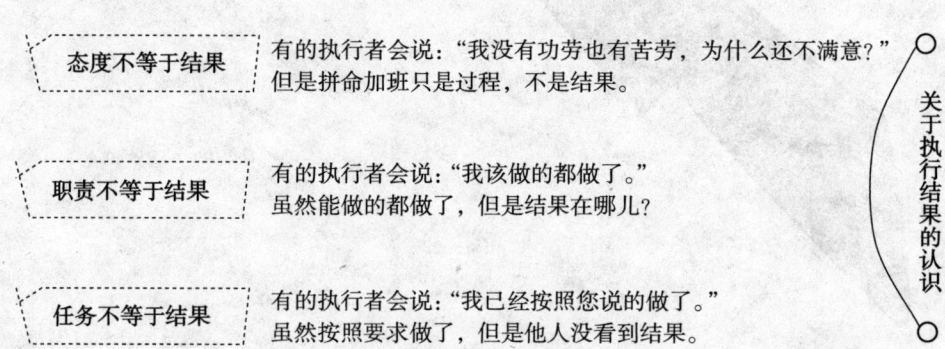

要结果需先确定目标

以结果指导行动，则需要站在结果的位置上考虑问题，所以，应提前确定要实现一个什么样的目标。

一个恰当的目标必须符合 SMART 原则。

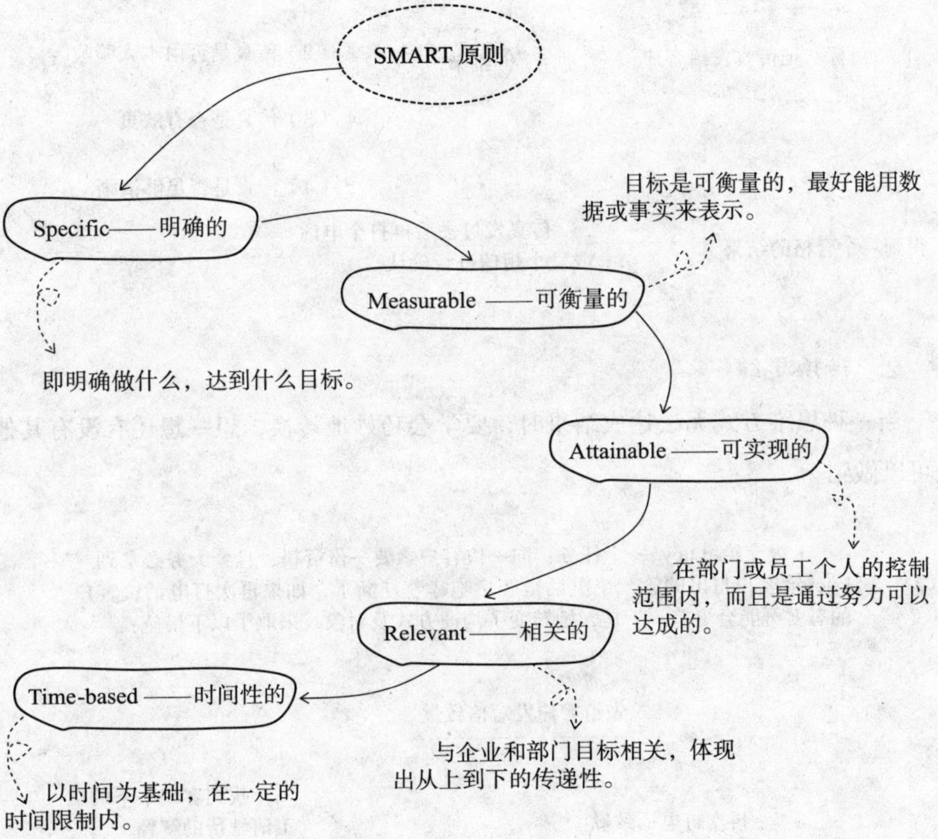

```
              SMART 原则
                 │
    ┌────────────┤
    ▼            ▼
Specific——明确的   
              Measurable——可衡量的   目标是可衡量的，最好能用数
                                    据或事实来表示。
即明确做什么，达到什么目标。
                    ▼
                Attainable——可实现的
                                    在部门或员工个人的控制
                                    范围内，而且是通过努力可以
                                    达成的。
                ▼
            Relevant——相关的
Time-based——时间性的
                                    与企业和部门目标相关，体现
以时间为基础，在一定的                出从上到下的传递性。
时间限制内。
```

如何以结果指导行动

确定了所要的结果，就应朝着结果的预定方向努力，做到以结果为导向指引执行中的各项行动。

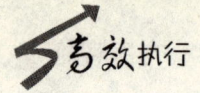

1. 目标明确，关注细节

结果导向要求执行者必须有一个明确的目标，并且专注于这个目标；同时，还要关注目标中的细节问题。

以一项小任务为例。

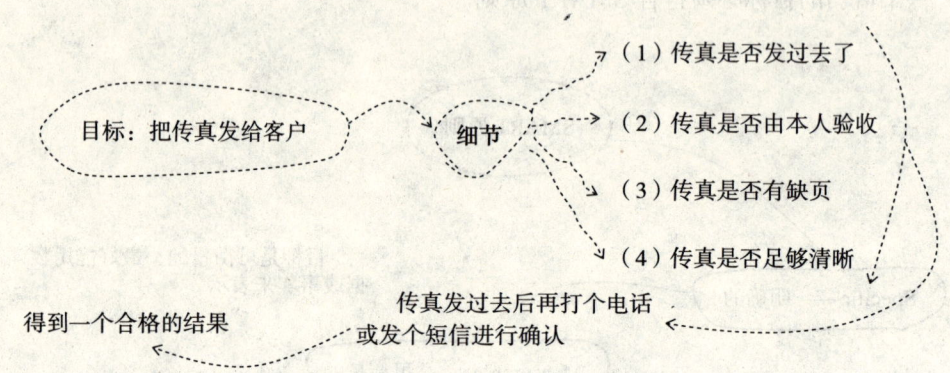

2. 转换思维

当一种思维方式无法达成结果时，要学会巧妙地转换，想一想还有没有其他方法可以做到。

上级交给 Lucy 一个任务：向一位客户索要一份资料，且今天务必拿到。Lucy给客户打出的第一个电话被客户咆哮着挂断了，如果再次打电话，客户的态度可能会更差。于是，她转变了沟通方式及对象，采取了以下措施：

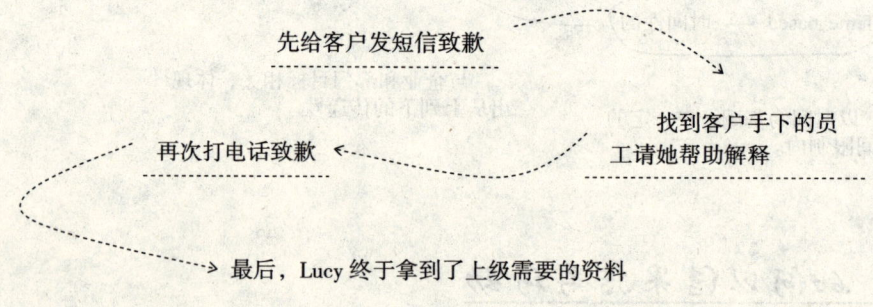

3. 不要想当然

有些人在面对稍有难度的任务时，总是事先为自己找好退路。常常会说"那是

第4章 方案实施

不可能的""我只能试试了",这种想法是错误的。执行者应竭尽全力完成目标,而不是想当然地认为不可能。

> 有一批产品明天就要发货,但是突然发现部分产品质量有问题。于是,主管要求采购员与厂商联系核实是否有剩余。采购员说:"我确定没有了。"于是,主管又说:"那就让厂商再重新生产一批送过来。"采购员为难地说:"现在马上生产,也做不出来了,就算做出来了,也没时间送过来……"

如果真的是因为客观原因导致目标无法实现,那情有可原,但是如果仅凭个人主观臆断而放弃努力,则无法被体谅和同情。

4. 先保60分,不求完美

做了很多的准备工作,但是结果始终没有出来,那么即使准备工作做得再完美,结果也是零。这时候就需要"先保60分,不求完美"。

作为一名管理者,在以结果指导行动的执行过程中,应善于利用奖惩并用的方式帮助下属促进结果的产生,通过奖励增加其信心,通过惩罚使其发现错误,以便在执行中少走弯路。

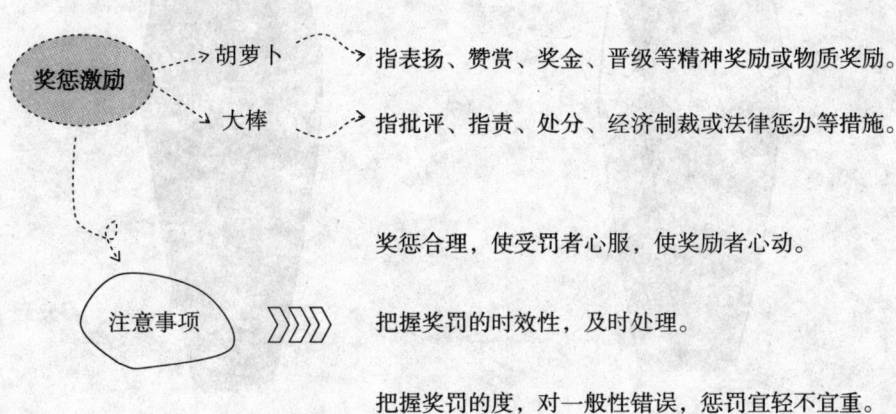

奖惩激励 → 胡萝卜 → 指表扬、赞赏、奖金、晋级等精神奖励或物质奖励。
→ 大棒 → 指批评、指责、处分、经济制裁或法律惩办等措施。

注意事项 》》》
奖惩合理,使受罚者心服,使奖励者心动。
把握奖罚的时效性,及时处理。
把握奖罚的度,对一般性错误,惩罚宜轻不宜重。

115

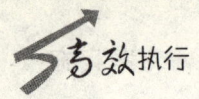

4.6 积极沟通互通有无

@#ЧЧЧЧ
%……*&&*……
……！@#

你说的启发了我，我知道该怎么做了。

——沟通，让大家收获智慧的N次方，烦恼的平均数。

第4章 方案实施

执行难题——缺乏沟通

一些执行者总是喜欢自己做自己的，从来不与上级或同事进行积极主动的沟通，这样会产生很多问题。

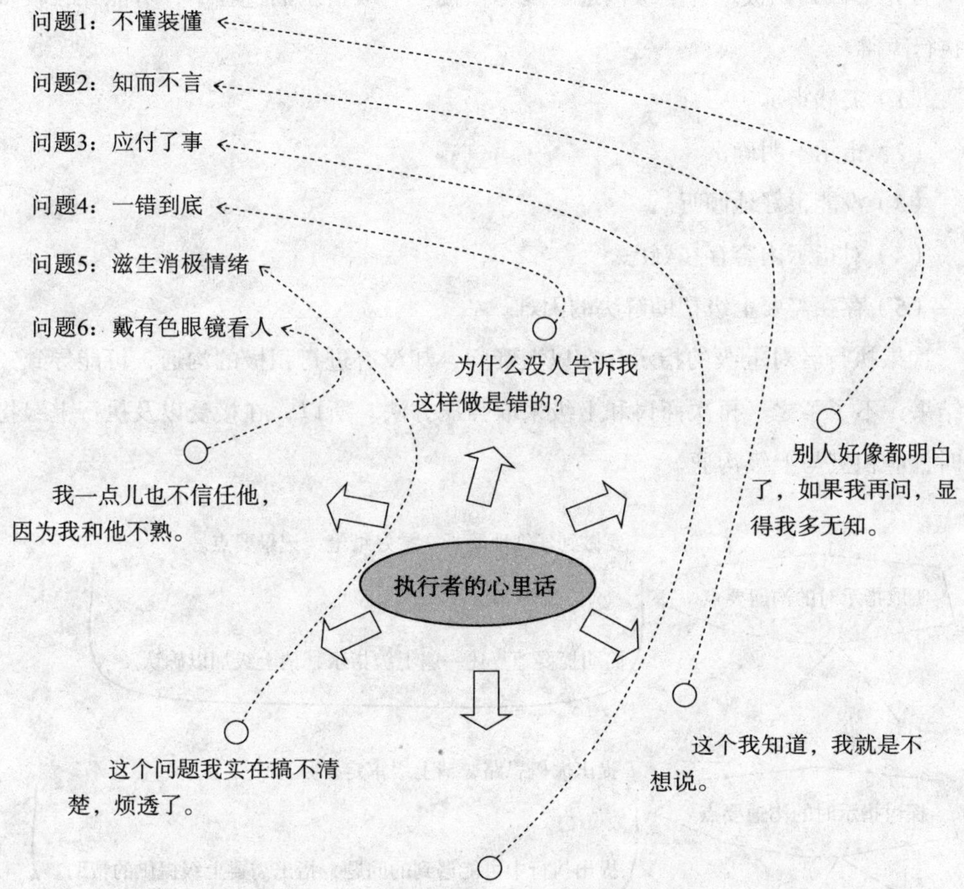

问题1：不懂装懂

问题2：知而不言

问题3：应付了事

问题4：一错到底

问题5：滋生消极情绪

问题6：戴有色眼镜看人

执行者的心里话

为什么没人告诉我这样做是错的？

别人好像都明白了，如果我再问，显得我多无知。

我一点儿也不信任他，因为我和他不熟。

这个问题我实在搞不清楚，烦透了。

就这样吧，问别人也得不到有用的信息。

这个我知道，我就是不想说。

信息沟通不通畅，资源无法充分共享；上下沟通不通畅，命令无法全面执行；相互沟通不通畅，配合协作受到影响。所以，执行者要做到积极与他人沟通，才能排除执行中的障碍，提高执行的效率。

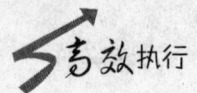

 如何做到积极沟通

要做到积极与他人沟通，需要执行者从三个方面努力：

1. 与上级沟通

首先要做到积极地与上级沟通。因为在接受上级指示的过程中，可能存在较多的执行障碍。

（1）突然指示。

（2）指示不明确。

（3）没能很好地倾听。

（4）对指示内容存在疑虑。

（5）存在需要上级帮助解决的困难。

如果执行者对上级的指示存在以上疑问，却没有进行积极的沟通，可能导致三种结果：不了了之、再次商讨和上级采取强压方法。所以，在接受以及执行上级指示时，应积极与上级沟通。

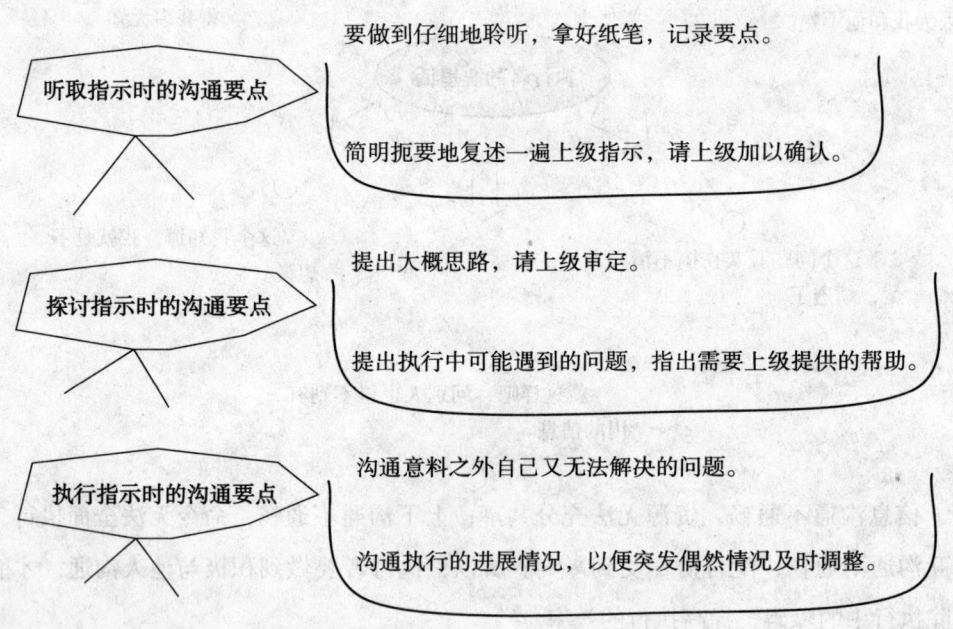

2. 与同级沟通

与同级进行积极沟通时,需注意用直接、真诚并且比较适宜的方式来表达自己的需要、愿望、意见和信念。

与同级的积极沟通表现在以下三个方面:

(1) 积极地提出要求

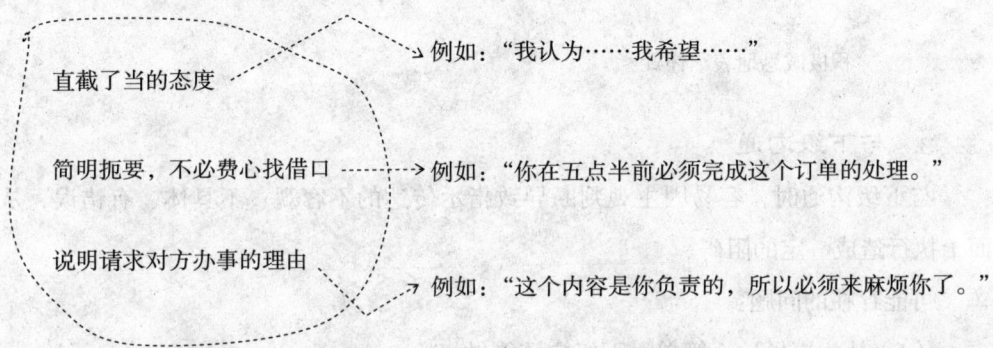

(2) 恰当地拒绝

拒绝是沟通的一种方式,应采用积极的方式应对同级同事的请求。如果执行者正在处理一项紧急任务,无暇协助同级同事的工作,要学会恰当地说"不"。

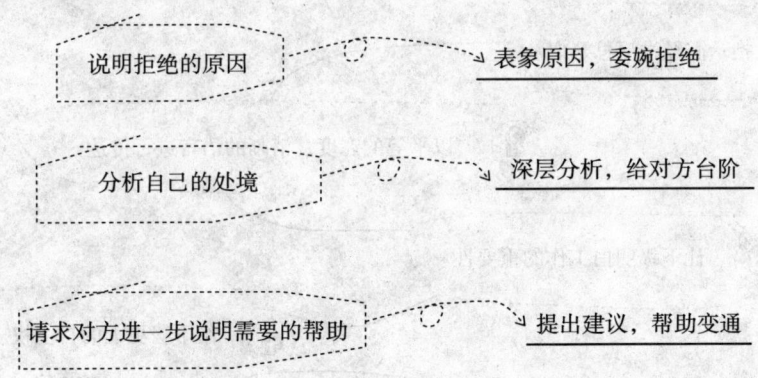

(3) 积极地发表不同意见

如果不能积极地发表不同意见,有可能会被对方误认为刻意隐瞒、回避问题,

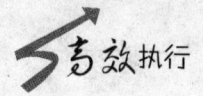

这样也不利于集思广益，提高执行的效率。

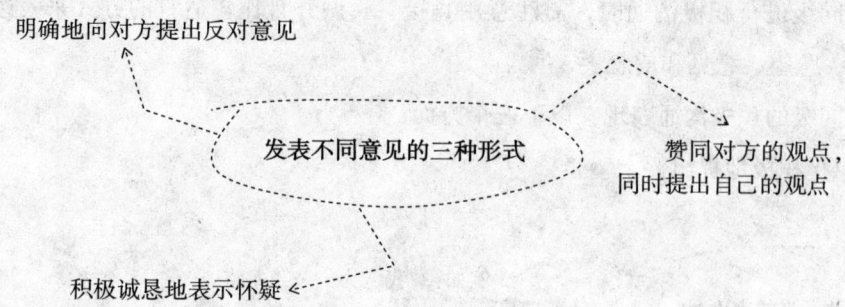

3. 与下级沟通

与下级沟通时，容易因主观判断导致指示传达的不客观、不具体、有错误，从而给执行造成一定的阻碍。

可能存在的问题：

（1）认为事情这么简单，下级应该能做好。

（2）习惯于单向沟通，很少听取下级反馈。

（3）说什么是什么，不允许下属有不同意见。

若让下级在接到指示时能够高效地执行，在沟通中需掌握以下方法：

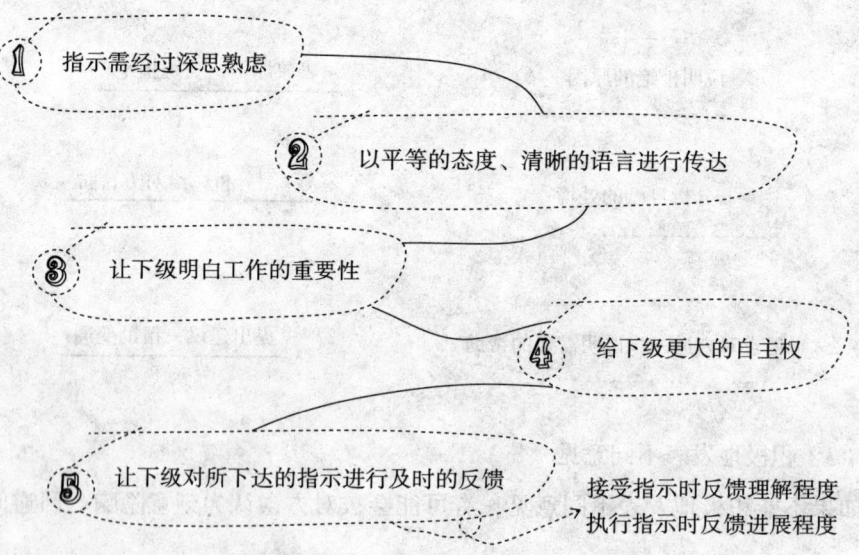

第5章

跟踪检查

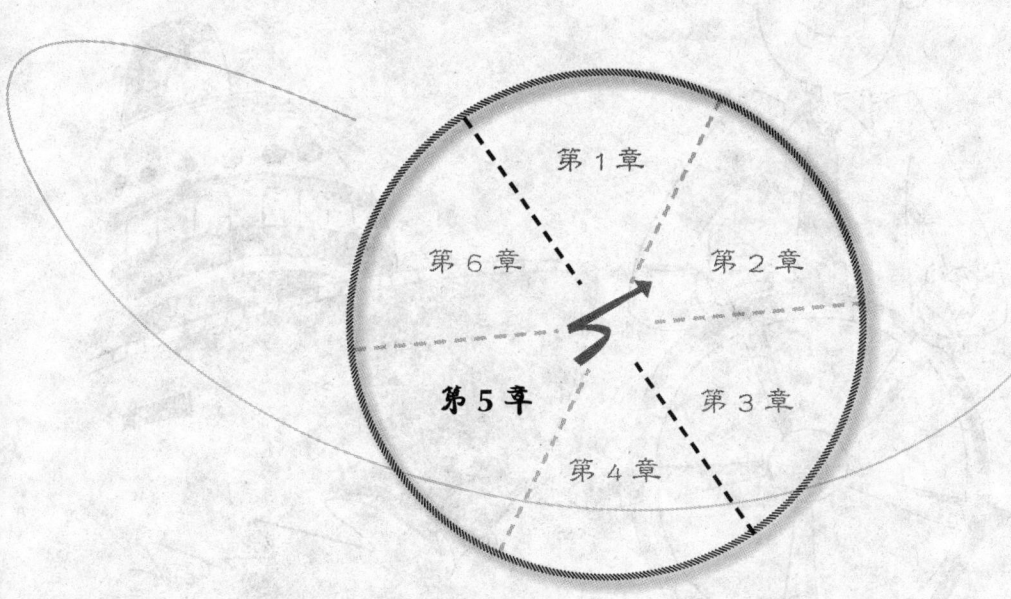

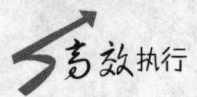

目标锚定及时纠偏
遵循 PDCA 流程环
用检查表记录问题
搜集反馈反观执行
发现短板杜绝隐患
更新思路应对变化

第5章 跟踪检查

5.1 目标锚定及时纠偏

——目标锚定不跑偏，实现目标稳准快。

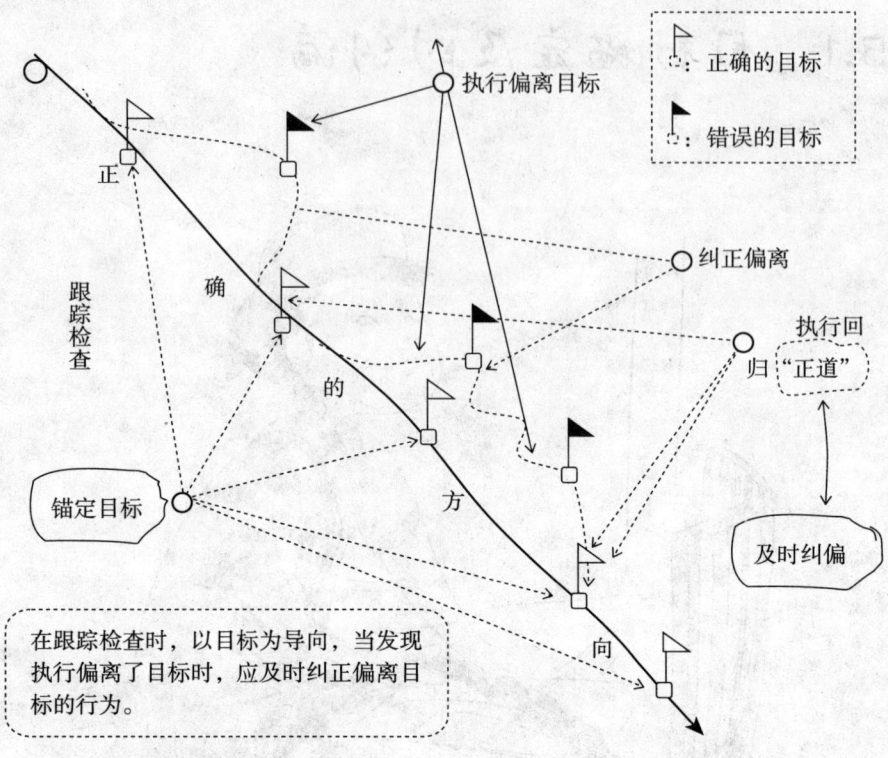

在跟踪检查时，以目标为导向，当发现执行偏离了目标时，应及时纠正偏离目标的行为。

目标锚定的四种方法

1. 总体目标锚定法

以任务的总体目标为锚定点。

2. 分步目标锚定法

将任务总体目标分成一个个小目标，将这些小目标作为锚定点。

3. 关键数值锚定法

以目标及方案中的关键数字为锚定点，如：

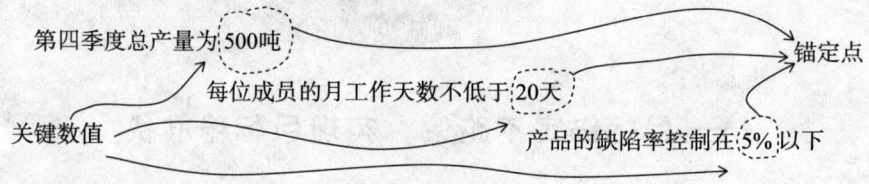

4. 预期结果锚定法

以某个预期结果为锚定点，如：

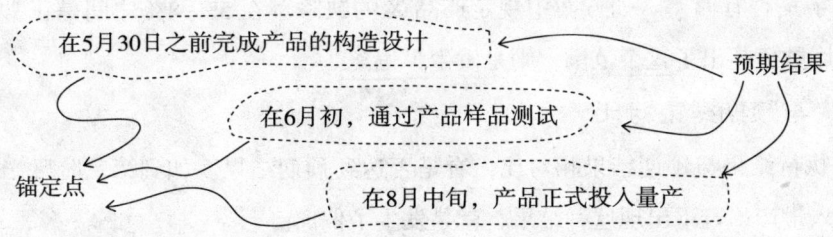

如何发现执行偏离了目标

将执行过程及结果与锚定点进行对比，可以发现执行是否偏离了目标。以下是四种对比模式。

1. 与总体目标对比

查看有没有大方向上的错误，执行的方向是否指向总体目标。

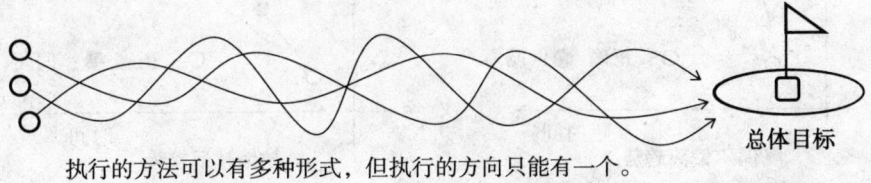

执行的方法可以有多种形式，但执行的方向只能有一个。

2. 与分步目标对比

查看有没有偏离各个分步小目标，是否顺序完成了相应的分步目标。

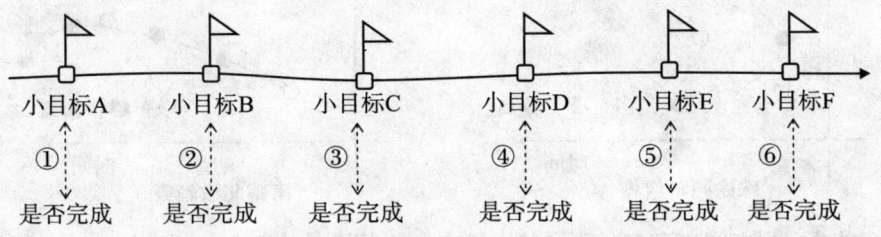

在执行中，与分步目标进行对比，能够更快速、更容易、更准确地发现是否有偏离现象。

3. 与关键数值对比

将执行过程和结果得到的关键数值与目标和方案中的关键数值进行对比，查看两个数字是否有偏差。如方案中规定产品 X 的缺陷率在 5%~8% 之间是正常的，但如果实际数值超出了这个范围，则是发生了偏离。

4. 与预期结果对比

将执行结果与预期结果相对比，看是否达到预期结果。如到第三阶段产品预期可以投入量产，若不出现这种结果，就是发生了偏离。

执行偏离的四种趋势

执行的偏离趋势一般有以下四种：

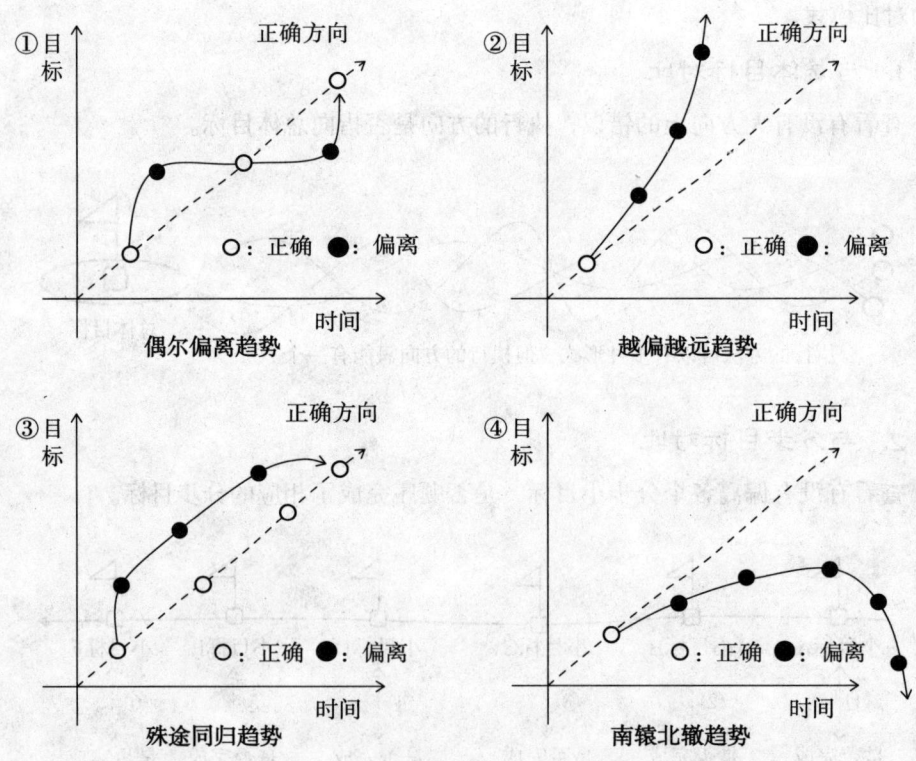

① 偶尔偏离趋势
② 越偏越远趋势
③ 殊途同归趋势
④ 南辕北辙趋势

注意：不同的偏离趋势有着不同的纠正方法，纠正时应注意区分。

执行偏离的三种情况

1. 偏离已无法改变

偏离已经成为定局，损害已经造成，任何行为都无法改变这种偏离。

2. 偏离能部分改变

偏离可以通过弥补行动来改变，或是能使偏离不太严重，或是能减少损失。

3. 偏离可完全改变

偏离完全可以通过某种行动来纠正，使执行完全回归"正道"。

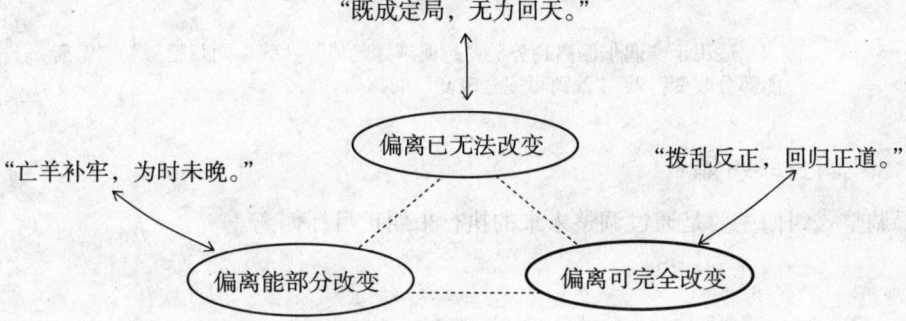

注意：不同的偏离情况有着不同的纠正方法，纠正时应注意区分。

如何纠正偏离的目标

当执行偏离了目标时，可以采用以下三种方式进行纠偏：

1. 更正式纠偏

更正式纠偏主要是通过更正过去的错误执行来纠正目标偏离。

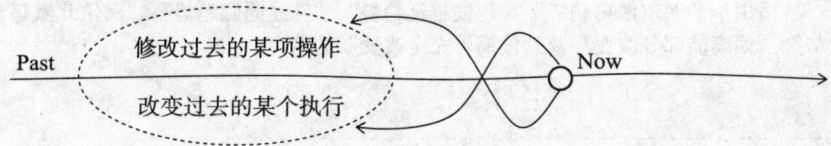

适用于"偶尔偏离趋势""越偏越远趋势""偏离能部分改变"及"偏离可完全改变"的偏离。

2. 修补式纠偏

修补式纠偏主要是通过当前的弥补手段来纠正目标偏离。

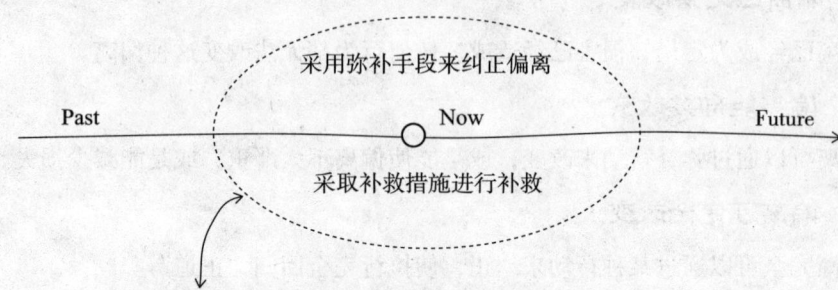

如进度落后于原定计划，可采用加班加点的方式进行补救。

适用于"偶尔偏离趋势""越偏越远趋势""殊途同归趋势""偏离能部分改变"及"偏离可完全改变"的偏离。

3. 调整式纠偏

调整式纠偏主要是通过调整未来的执行来纠正目标偏离。

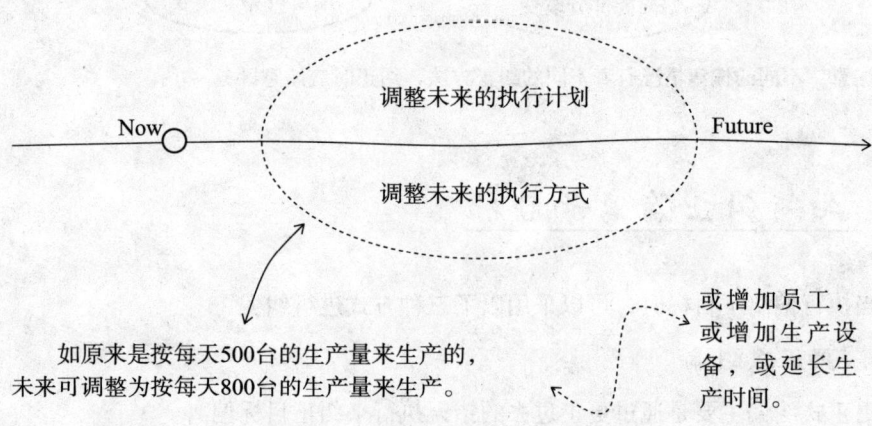

如原来是按每天500台的生产量来生产的，未来可调整为按每天800台的生产量来生产。

或增加员工，或增加生产设备，或延长生产时间。

适用于"偶尔偏离趋势""越偏越远趋势""殊途同归趋势""南辕北辙趋势""偏离能部分改变"及"偏离可完全改变"的偏离。

注：当出现"偏离已无法改变"这种情况时，偏离是无法纠正的。

5.2 遵循 PDCA 流程环

PDCA 流程环

1. PDCA 流程环的由来

PDCA 流程环又称"戴明环"，它最早是由沃特·阿曼德·休哈特提出，由威廉·爱德华兹·戴明采纳、改进、宣传并获得普及，这也是它被称为"戴明环"的原因。

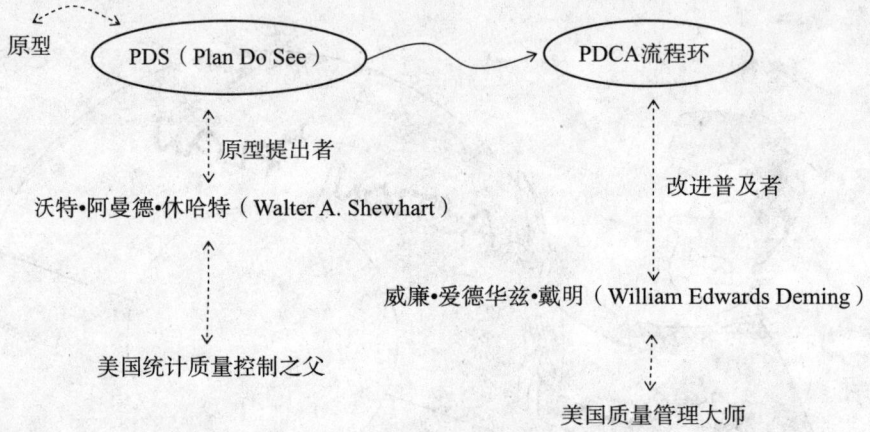

2. 什么是 PDCA 流程环

PDCA 流程环是一种循环的工作程序，按照 Plan（计划）、Do（执行）、Check（检查）和 Action（处理）的顺序进行循环执行，如下图所示。

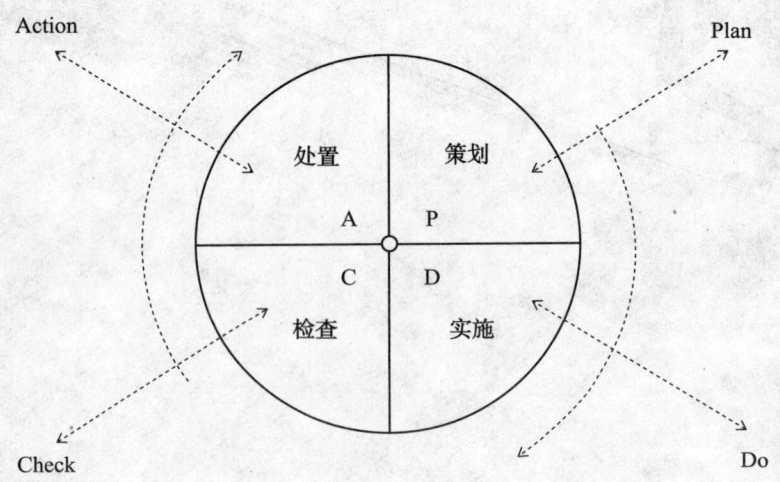

如何使用PDCA流程环进行跟踪检查

PDCA流程环的使用方法如下：

- P（Plan）：计划
  - （1）确定执行方针和目标。
  - （2）制定任务执行方案。

- D（Do）：执行
  - （1）具体运作和执行方案。
  - （2）实现方案中的内容。

- C（Check）：检查
  - （1）总结执行计划的结果。
  - （2）分析哪些对了，哪些错了。
  - （3）明确执行效果，找出存在的问题。

- A（Action）：处理
  - （1）对检查的结果进行处理，认可或否定。
  - （2）设法解决检查出来的问题。

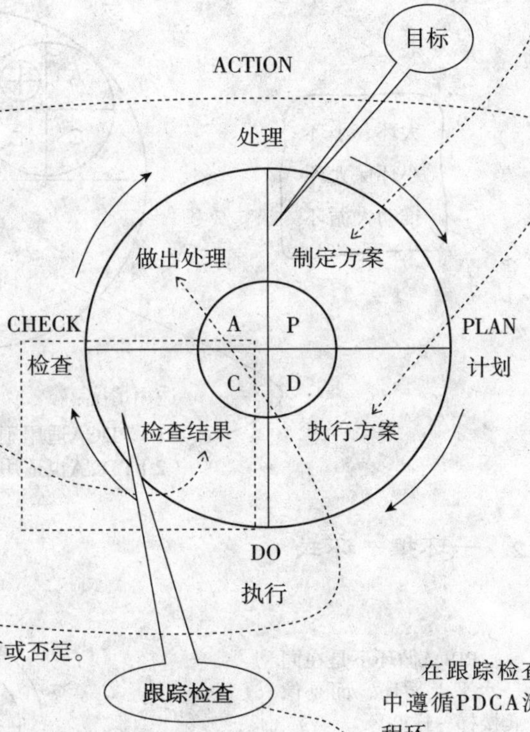

目标

ACTION 处理
做出处理 — 制定方案
CHECK 检查 — PLAN 计划
检查结果 — 执行方案
DO 执行

跟踪检查

在跟踪检查中遵循PDCA流程环。

（1）将跟踪检查的结果进行处理。
（2）将成功的经验加以肯定并适当推广及标准化。
（3）将失败的教训加以总结和检讨。
（4）将暂时未能解决的问题放到下一个PDCA循环中。

注意：以上四个过程（PDCA）并非运行一次就结束，而是周而复始地进行，一个循环完成了，进行另外一个循环。

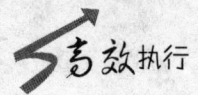

流程环的两种循环方式

1. 大环套小环式

每一个具有独立性的活动都可以有自己的PDCA循环，层层循环，形成大环套小环、小环里面又套更小的环的循环。

大环套小环
小环保大环
推动大循环

适用情况：
（1）PDCA适用于整个任务的执行。
（2）PDCA也适用于任务中的某个活动的运作。

2. 一环推一环式

PDCA循环不是在同一水平上循环，而是像爬楼梯一样循环。

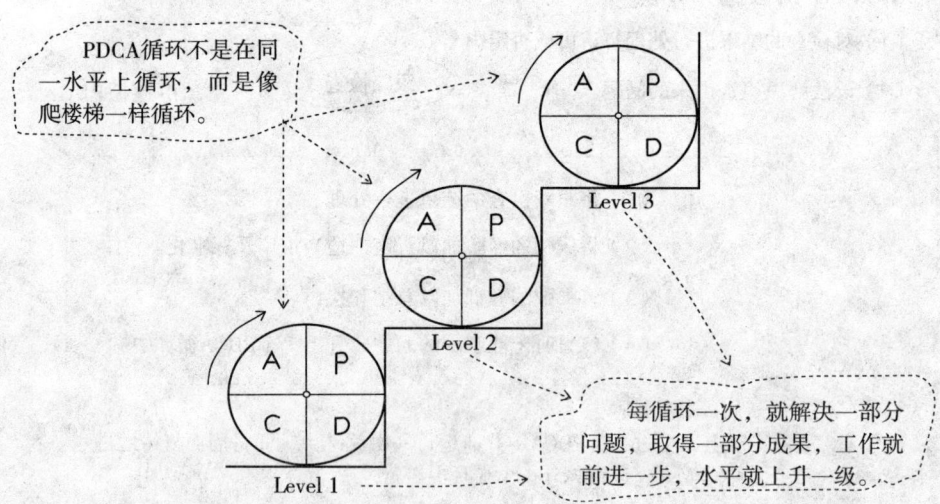

每循环一次，就解决一部分问题，取得一部分成果，工作就前进一步，水平就上升一级。

遵循 PDCA 流程环进行跟踪检查的七个步骤

遵循 PDCA 流程环进行跟踪检查的七个步骤如下：

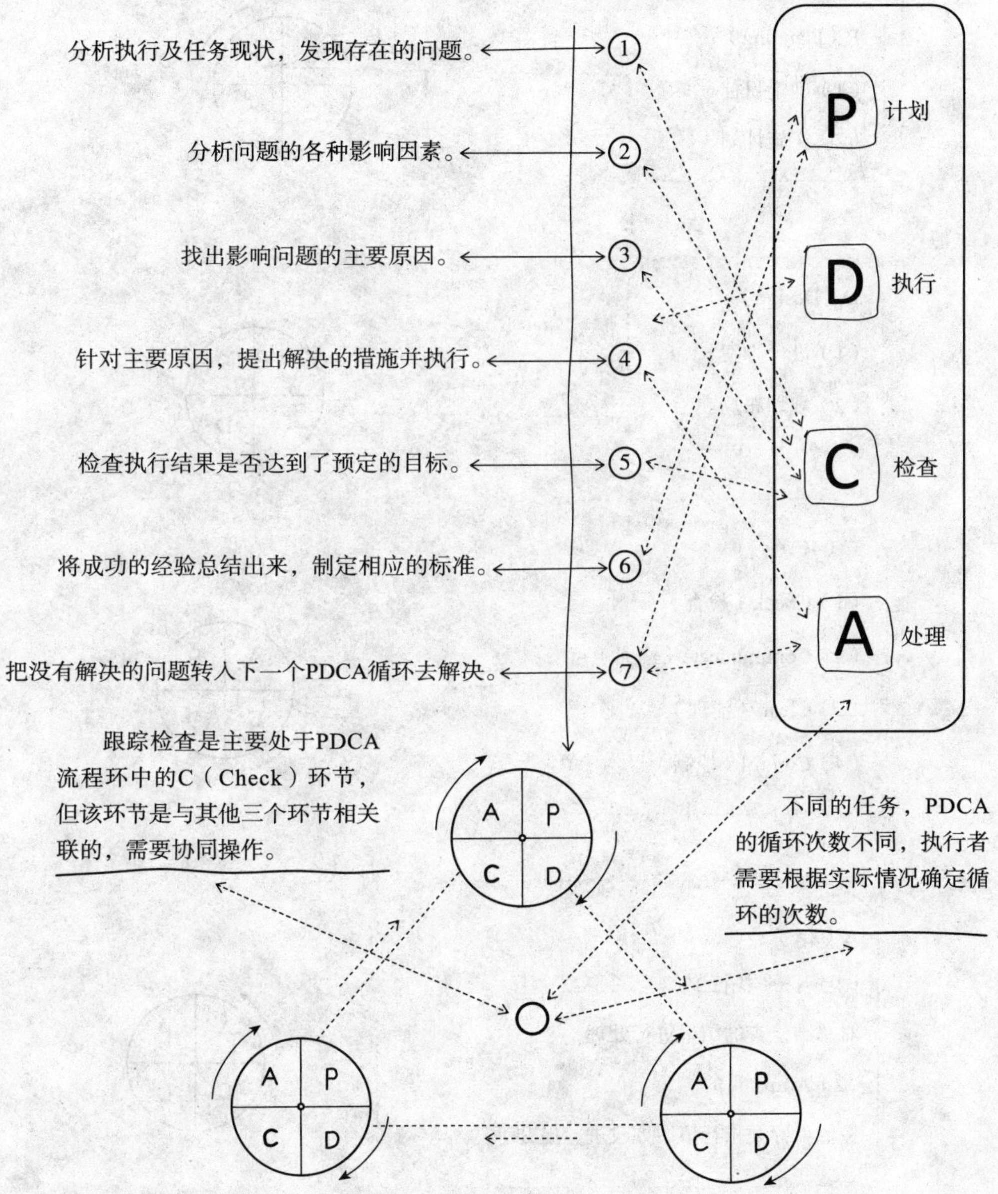

① 分析执行及任务现状，发现存在的问题。
② 分析问题的各种影响因素。
③ 找出影响问题的主要原因。
④ 针对主要原因，提出解决的措施并执行。
⑤ 检查执行结果是否达到了预定的目标。
⑥ 将成功的经验总结出来，制定相应的标准。
⑦ 把没有解决的问题转入下一个PDCA循环去解决。

P 计划
D 执行
C 检查
A 处理

跟踪检查是主要处于PDCA流程环中的C（Check）环节，但该环节是与其他三个环节相关联的，需要协同操作。

不同的任务，PDCA的循环次数不同，执行者需要根据实际情况确定循环的次数。

提示：并不是循环的次数越多，执行的水平就越高，需按需要而循环。

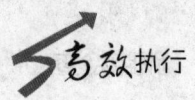

PDCA 流程环的新用法

PDCA 流程环的新用法如下：

P（Planning）：
（1）确定目标
（2）实施计划

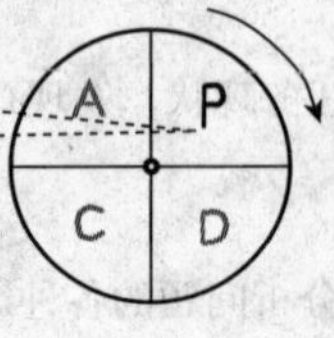

D（Design）：
（1）设计方案
（2）规划布局

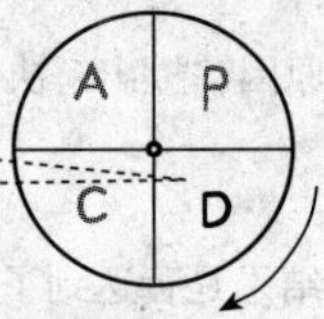

C（4C）：
（1）Check（检查）
（2）Communicate（沟通）
（3）Clear（清理）
（4）Control（控制）

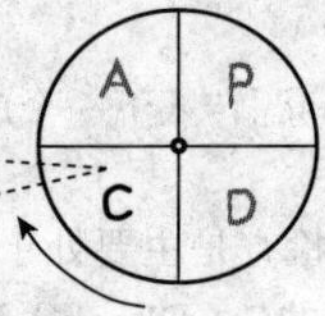

A（2A）：
（1）Act（执行）
对总结检查的结果进行处理
（2）Aim（目的）
按照目标要求行事，如改进、提升等

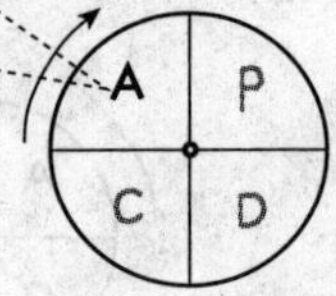

5.3 用检查表记录问题

关于检查表

1. 什么是检查表

检查表是一种使用简单、易于理解的标准化图表,工作人员只需按规定填写相应检查记号即可。

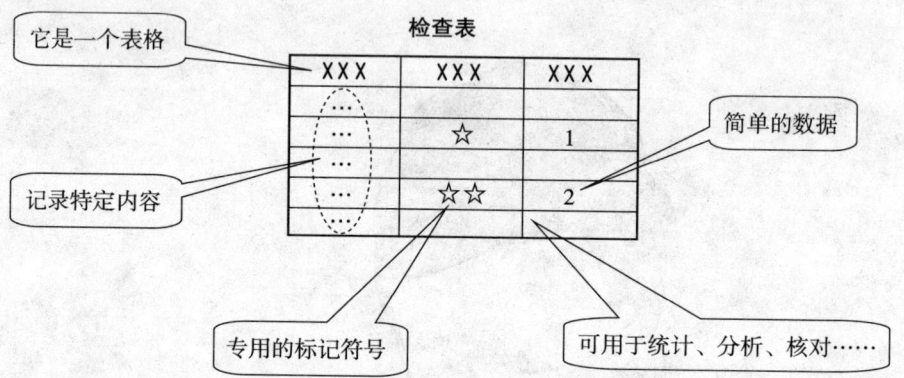

2. 为什么要使用检查表记录问题

使用检查表记录问题的理由有以下六种:

(1)以"记录"代替"记忆"能使对问题的观察更加深入。

(2)避免"观察"与"分析"同时进行。

(3)检查表能提供简单的方式去记录问题。

(4)检查表能提供统一的记录方式。

(5)检查表能同时记录问题本身及相关数据。

(6)能避免收集问题时掺入个人情绪、文字歧义等不稳定因素。

执行问题检查表

项目	检查结果	累积次数
执行失误	正正正下	18
进度落后	正正正正正一	26
目标偏差	正正下	14
其他	正正正下	17

第5章 跟踪检查

 如何使用检查表记录问题

1. 明确记录问题的类型和目的

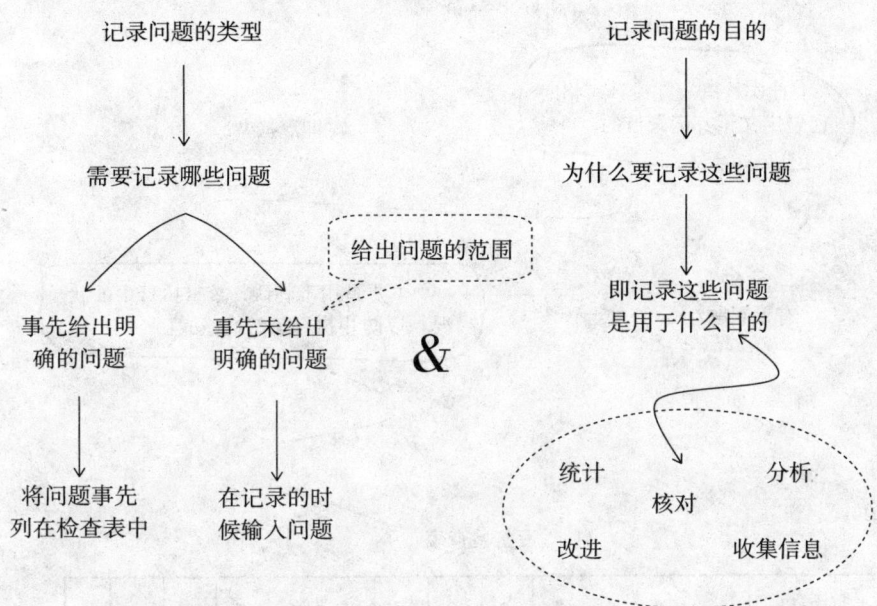

2. 确定记录相关者及对问题的处理方法

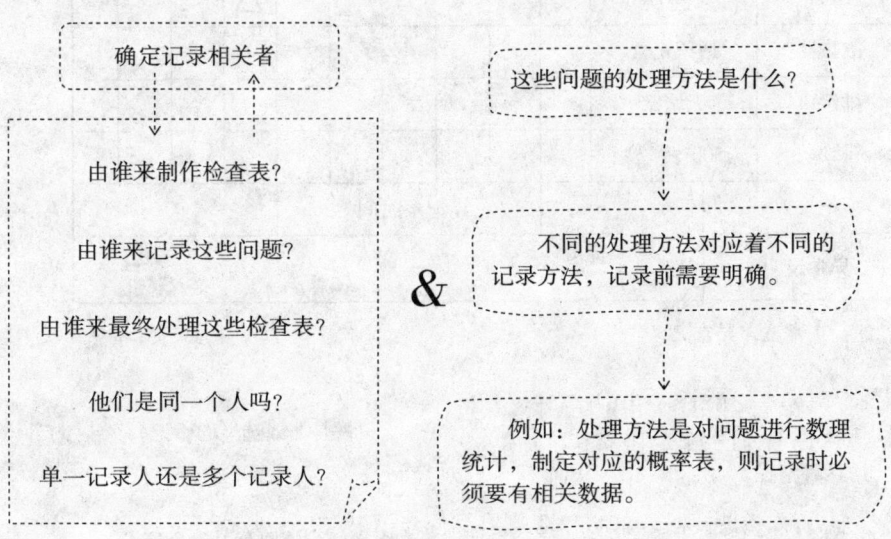

3. 决定检查表的表格类型

一般而言,检查表可依其记录的目的或种类分为以下两种类型:

(1)点检用检查表

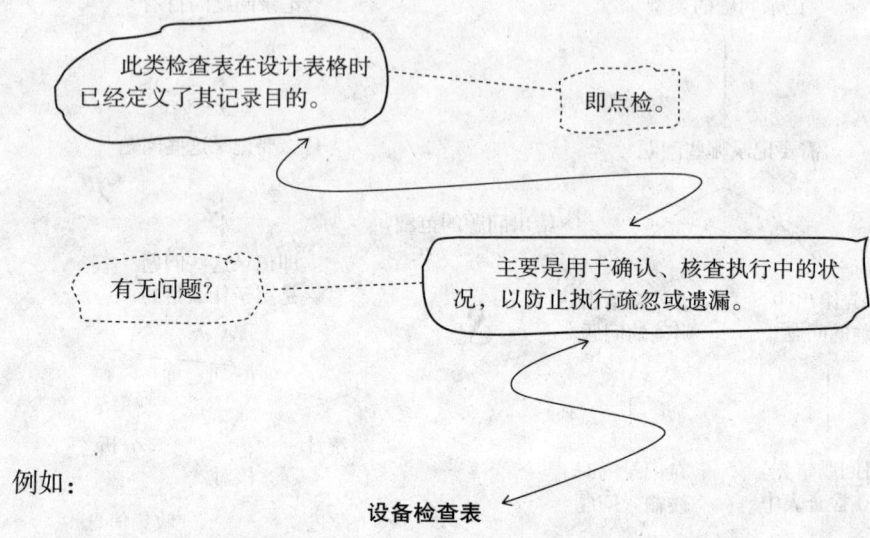

例如:

设备检查表

检查项目	标准	1	2	3	4	5	6	7	8	9	10
温度	$T \leq 50℃$										
压力	6.9~8kg/cm							△			
散热器	通风正常				▲						
排污口	无堵塞										
转速	500转/秒										
记录人		记录时间									
异常说明											

注:正常▲,异常△。

在本例中记录时用▲、△来标记,它们分别表示正常和异常两种情况。

只做是非或选择的标记。

此类检查表通常有设备保养检查表、培训训练检查表、行车前车况检查表等。

（2）记录用检查表

此类检查表主要用于搜集问题信息。

如操作作业缺失、产品品质好坏、执行效果优良等记录。

适用于不良原因、不良执行、不良项目等类型的记录。

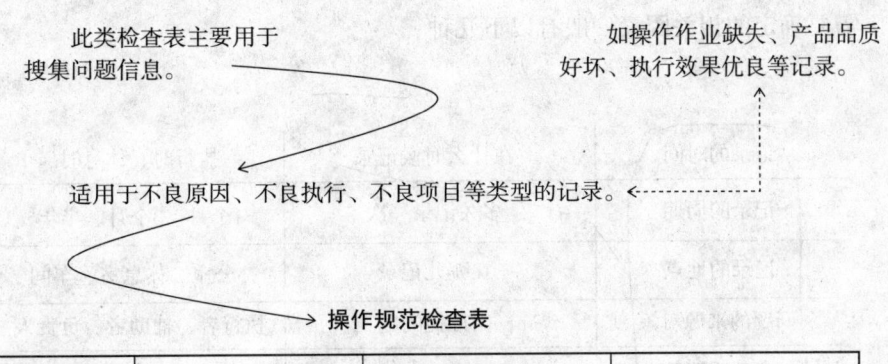

操作规范检查表

记录批次		记录日期	
记录总数		记录地点	
记录方式		标记符号	
不合格操作		记录人	
	检查记录		小计
重复性操作	○○○		3
缺失性操作	○○		2
错误性操作	○○○○		4
复杂化操作	○○○○○		5

将问题分为多个记录类别，以标记符号或数字进行记录。

注：因其具有改善功能，所以也称为"改善用检查表"。

4. 确定记录的标记符号

常用的标记符号有以下类型：

选择类标记	判断类标记	记数类标记	评级类标记	其他标记
Y N ♂ ♀	√ × ＋ －	正正一 ＋＋＋＋＋＋	★★★ ★★☆	○●◇□ ※¤↑↓

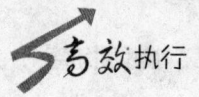

5. 确定记录的相关因素

需要确定的相关因素一般有以下几种：

记录的时间	在什么时候记录	执行时、休息时
记录的周期	多久记录一次	1个月、3个月、半年
记录的地点	在哪儿记录	办公室、休息室、车间
问题的来源对象	向谁提问题	执行者、辅助者、负责人
记录的数量	记录多少问题	5个、10个、不定
记录的方式	用什么方式记录	问答、投票

6. 记录所需要记录的问题

完成前面的五个步骤后，实际去记录问题。

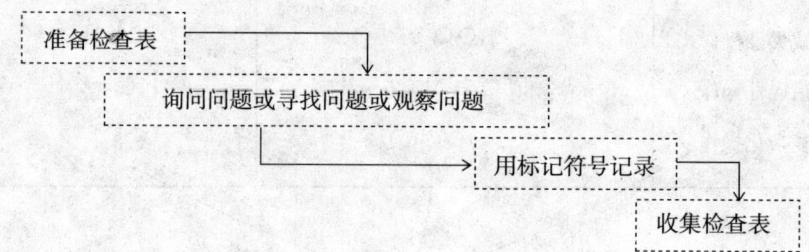

7. 对记录的问题进行处理

对记录的问题一般进行以下三种处理：

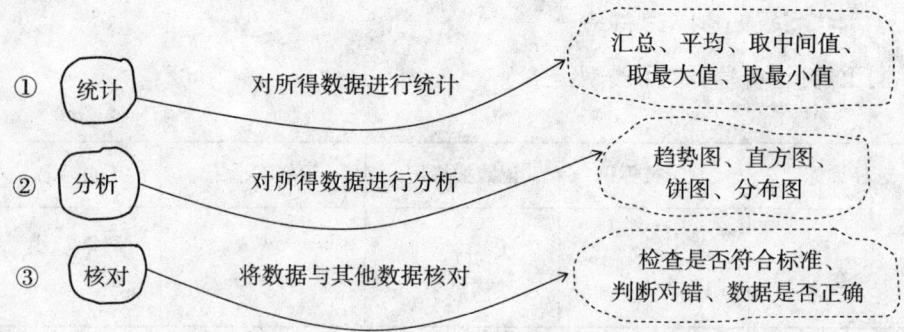

5.4 搜集反馈反观执行

——想见识身处山峰的真面目，可以听听来自别人的声音。

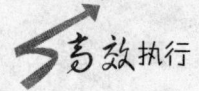

搜集反馈

1. 搜集谁的反馈

搜集反馈时首先要明确一个问题,即搜集谁的反馈。以下是七种潜在的搜集对象。

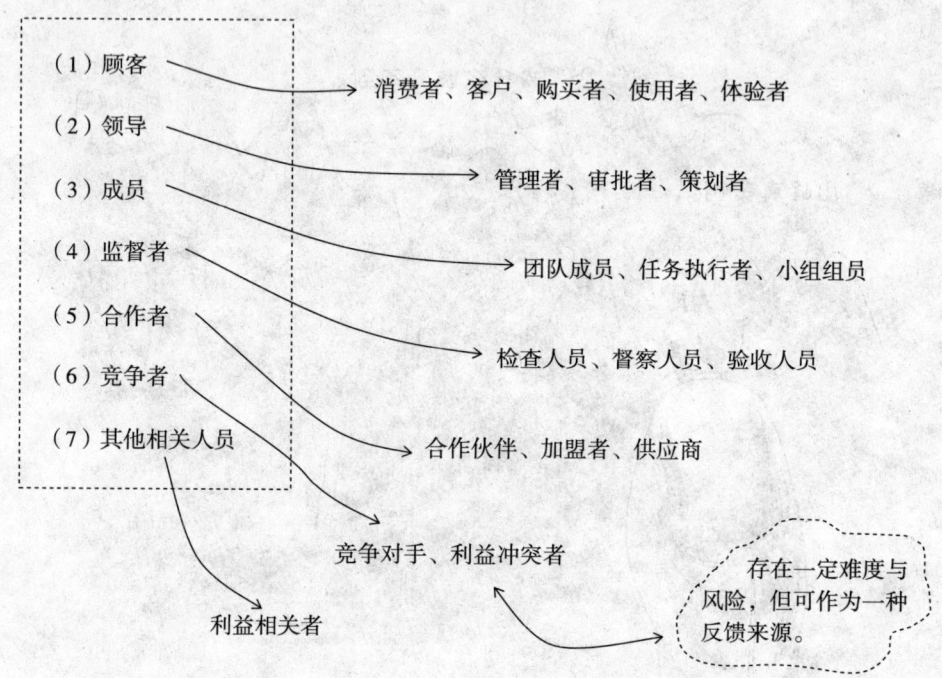

2. 搜集哪些反馈

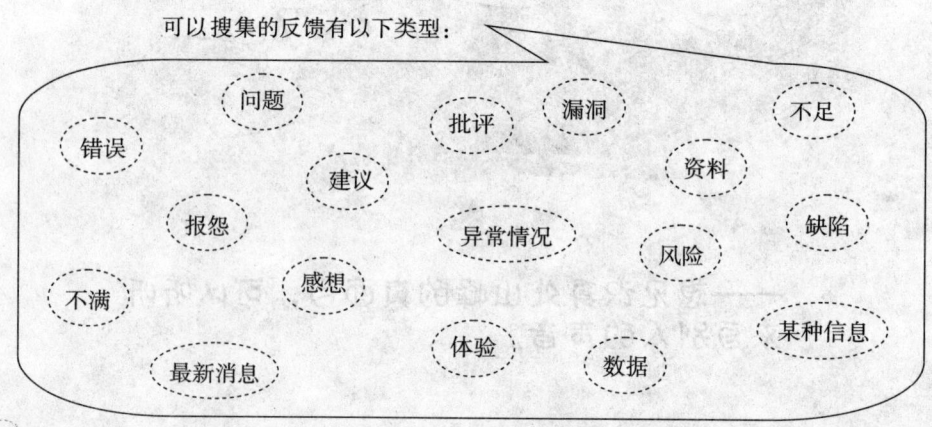

3. 由谁来搜集反馈

反馈的搜集人员可以由以下人员担任：

（1）专职信息员

由专职信息员去搜集反馈信息。

（2）任务负责人

由任务或项目的相关负责人去搜集反馈信息。

（3）执行成员

由任务或活动的执行成员去搜集反馈信息。

（4）指定人员

由指定人员去搜集反馈信息，如部门中的某个助理。

（5）独立第三方

委托非利益相关的独立第三方去搜集反馈信息。

4. 搜集反馈的方式

可以使用以下三种方式去搜集反馈：

询问式	沟通式	调查式
直接询问相关人员	与相关人员进行沟通	对相关人员进行调查
↓	↓	↓
只问不答	有问有答	问答+观察+记录
↓	↓	↓
单向	双向	互动
↓	↓	↓
固定问题式搜集	不固定问题式搜集	发现问题式搜集

5. 搜集反馈的渠道

搜集反馈的渠道有以下几种类型：

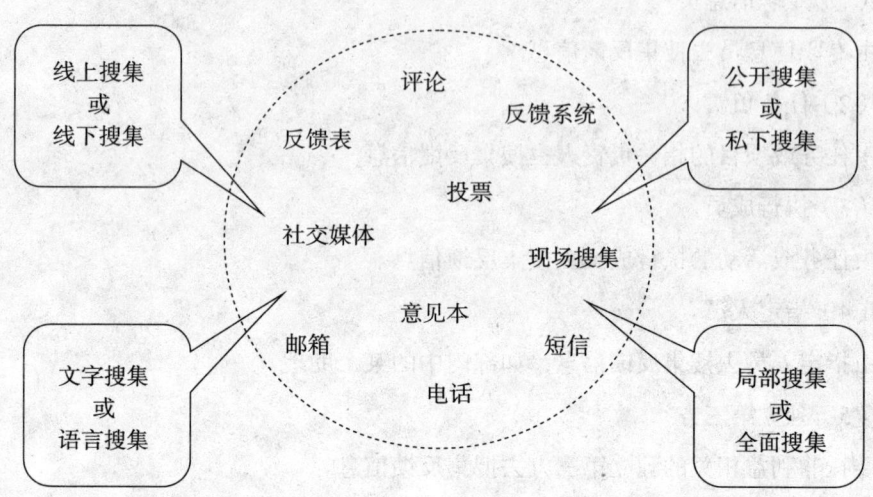

反观执行

1. 反观执行的方法

在搜集相关反馈后，根据反馈来反观执行的情况。反观执行的方法有以下五种：

（1）顺序反观法

根据反馈，按照执行的时间顺序来反观整个执行活动。

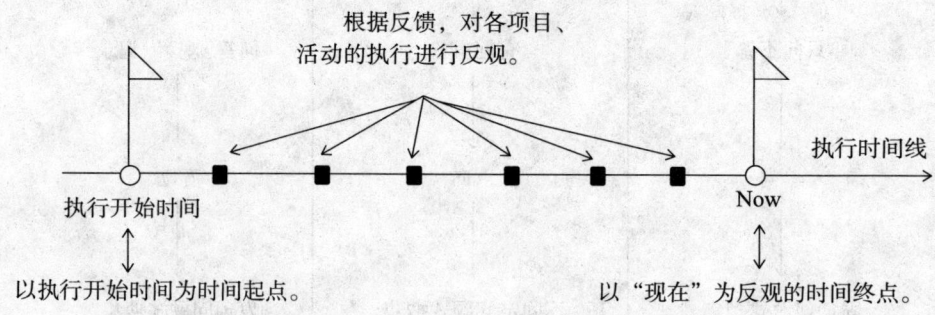

（2）目标反观法

根据反馈，查看是否在相应的执行阶段达到了相关目标。

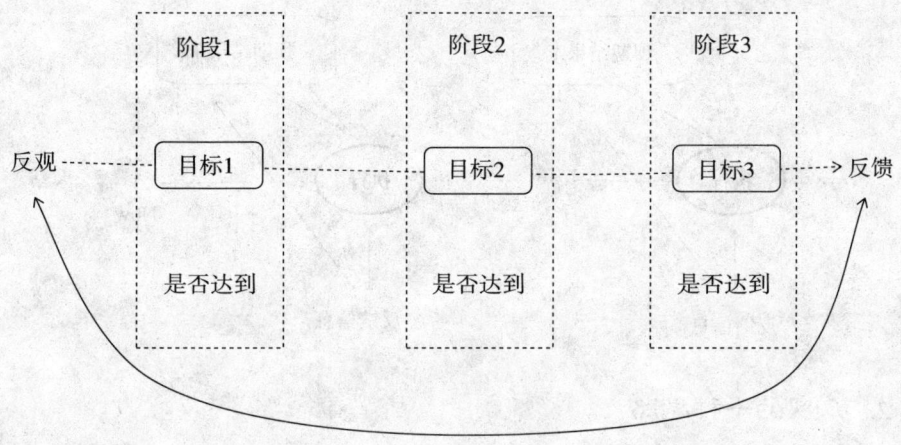

（3）活动反观法

根据反馈，对执行活动进行逐个反观。可以采用以下两种反观顺序：

a. 活动先后顺序。

b. 活动分类编号。

（4）成员反观法

根据反馈，对各执行成员进行反观。

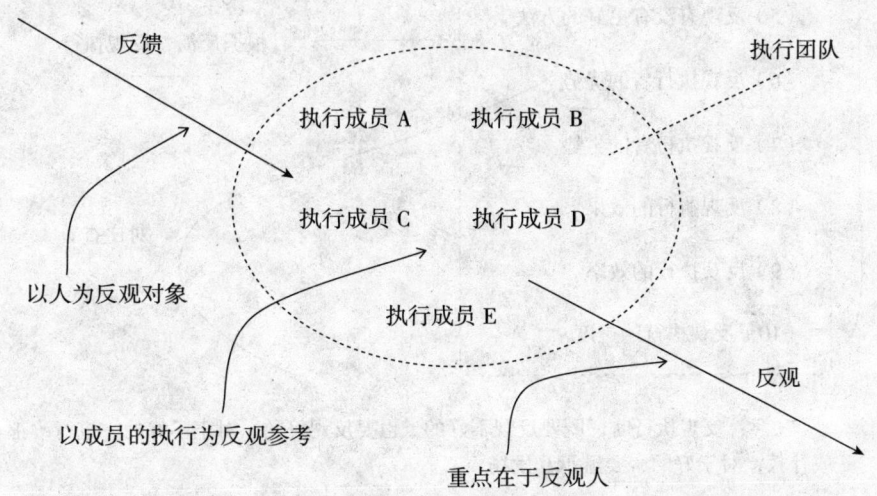

（5）结果反观法

根据反馈，反观执行是否达到了预期结果。

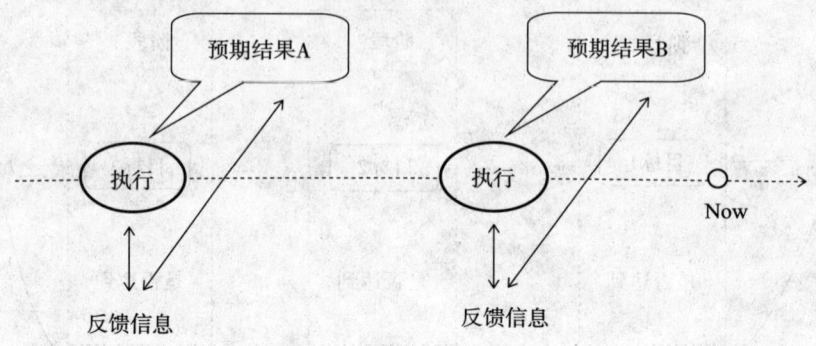

2. 反观的十种思路

在反观执行时，可以按照以下思路进行：

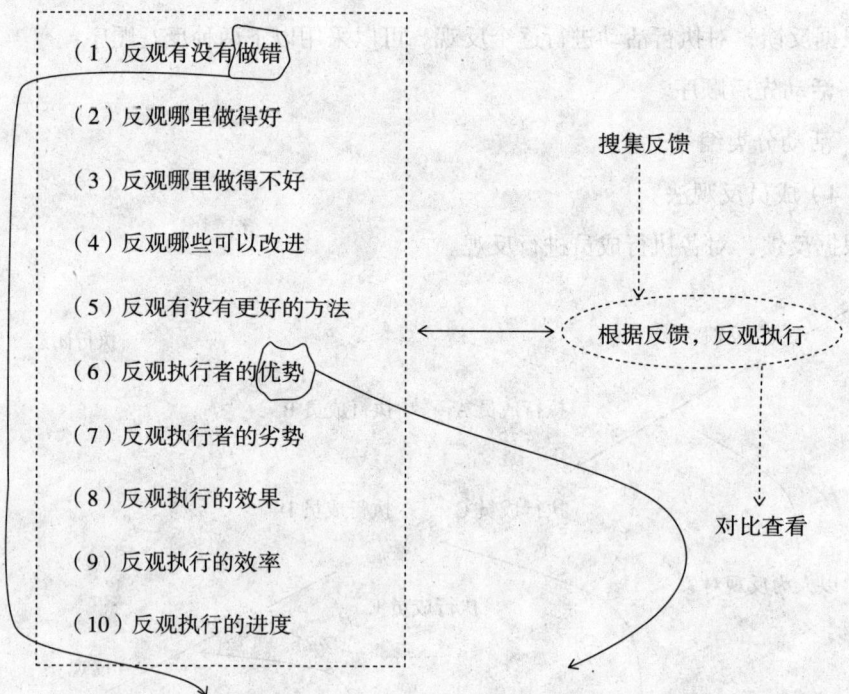

注意：反观执行时，既要反观不好的，也要反观好的。对于不好的，进行改正或补救；对于好的，要继承和发扬。

5.5 发现短板杜绝隐患

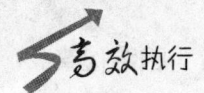

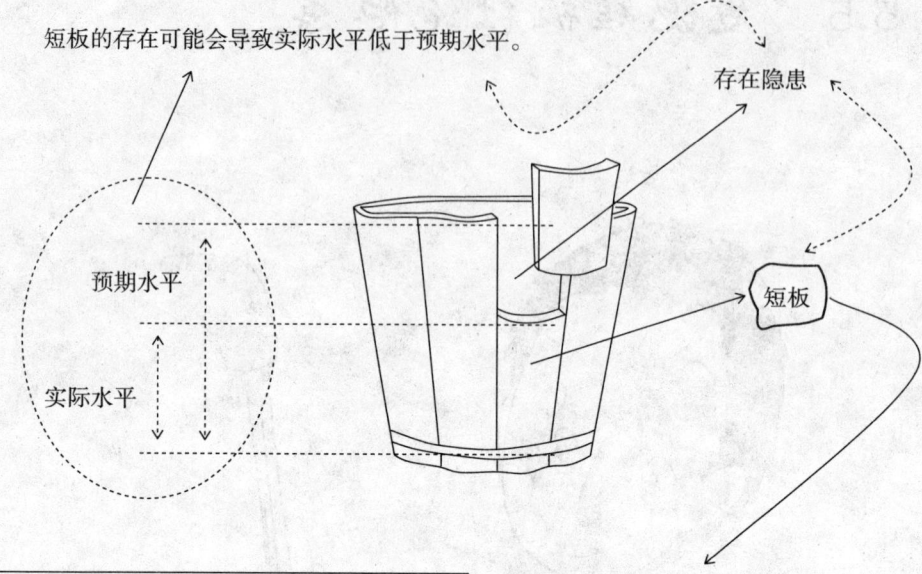

 执行通常会遇到的三个短板

在执行中，通常会遇到以下三种类型的短板：

1. 人的短板

当执行成员中的某个成员出现无法胜任自己工作的情况时，就会出现人的短板。该成员所形成的短板，可能会导致执行的延迟、中断、错误甚至失败。

2. 事的短板

事的短板主要表现在与执行相关的"事"上，这些"事"有以下三种类型：

（1）前提条件型

该类型的短板出现在执行的前提条件上。如当前任务是建立在专利申请成功的基础上的，但任务开始时，专利并没有申请成功，则执行存在了前提条件型的短板。

（2）活动项目型

该类型的短板出现在某个活动或项目的执行中。如 × 项目不能达到预期的目标，则 × 项目成为各个项目中的短板。

（3）流程环节型

该类型的短板出现在执行流程或某个执行环节中。如产品检验环节的缺少，则可能出现缺陷产品，影响产品的整体质量。

3. 物的短板

物的短板主要体现在执行中使用到的各种"物"上，如下图所示。

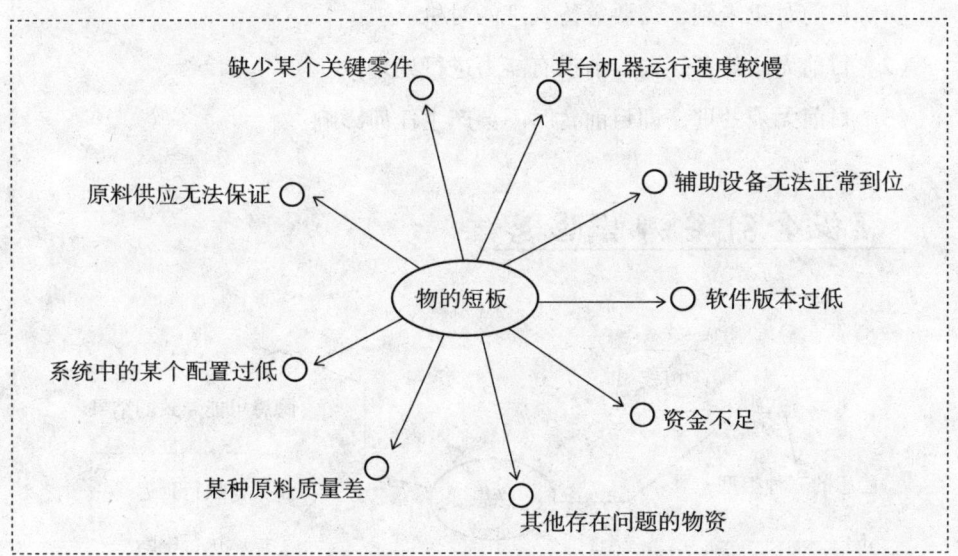

 发现短板后怎么处理

发现短板后，通常有以下三种处理方式：

1. 不做处理

并不是所有短板都需要做出处理。以下两种情况是不需要做出处理的：

（1）不会对执行任务产生影响的短板。

（2）对执行产生的影响几乎可以忽略的短板。

2. 立即处理

需要立即做出处理的短板通常带有以下特征（一个或多个）：

（1）短板的存在会对执行结果产生影响。

（2）短板的存在给后续执行埋下了隐患。

（3）短板决定了执行的进度和效果。

（4）短板已经产生了负面影响。

3. 日后处理

在以下情况下，可以对短板进行日后处理：

（1）目前时机未到，需要等待处理的时机。

（2）目前无法处理，即目前没有能力进行处理。

（3）目前无须处理，即目前暂时不会产生任何影响。

短板会引发哪些隐患

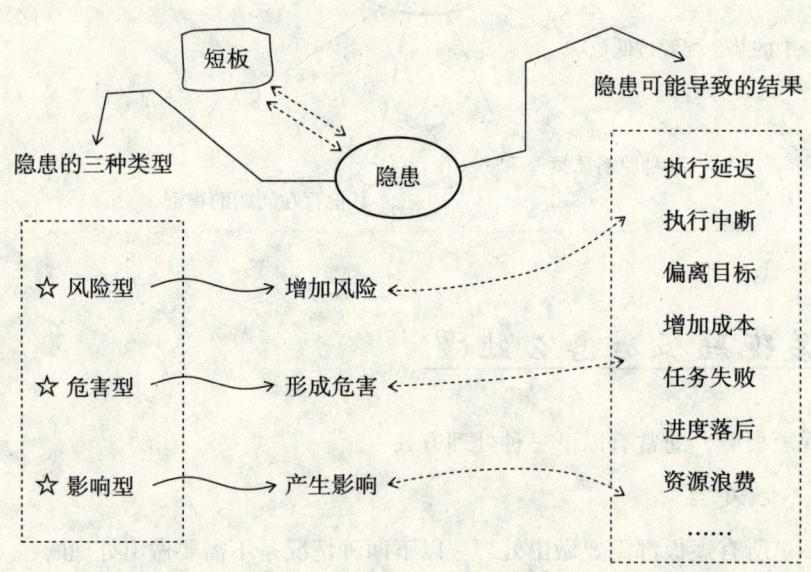

如何杜绝短板可能带来的隐患

杜绝短板可能带来的隐患有以下三种方法：

1. 防范法

防范法主要是使用防范机制来对隐患可能产生的风险、危害、影响进行防范，从而达到消除隐患的目的。

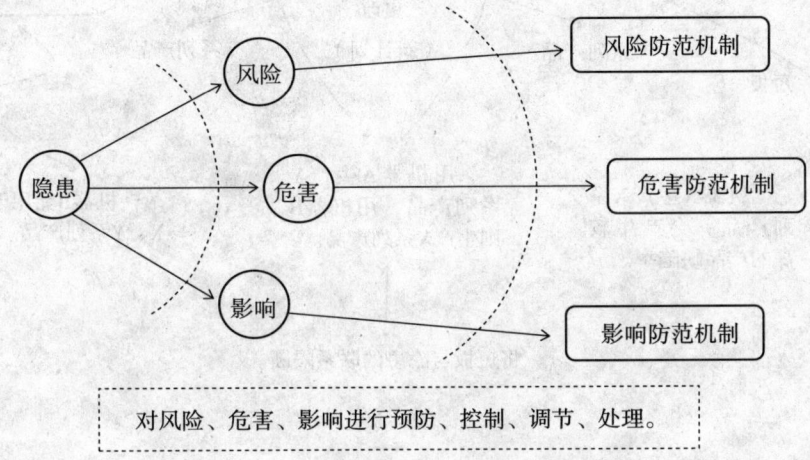

例如：执行可能会出现延迟，则可提前增添人手或延长工作时间，防止执行延迟的出现。

2. 加强法

加强法的主要思路是将"短板"变成"长板"。

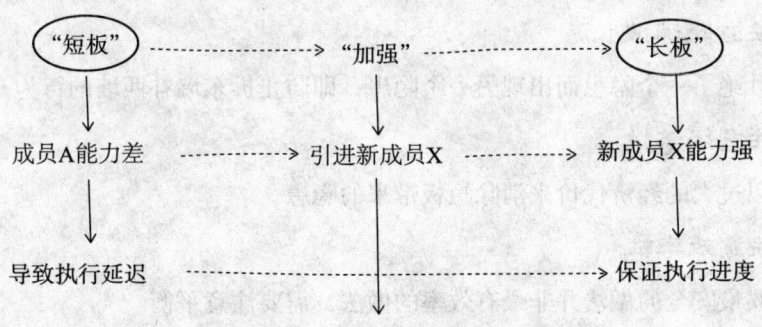

将"短板"变成"长板"，"短板"不再产生隐患，则隐患消除。

3. 隔断法

隔断法主要是将短板与隐患之间的联系隔断，使短板无法产生隐患。

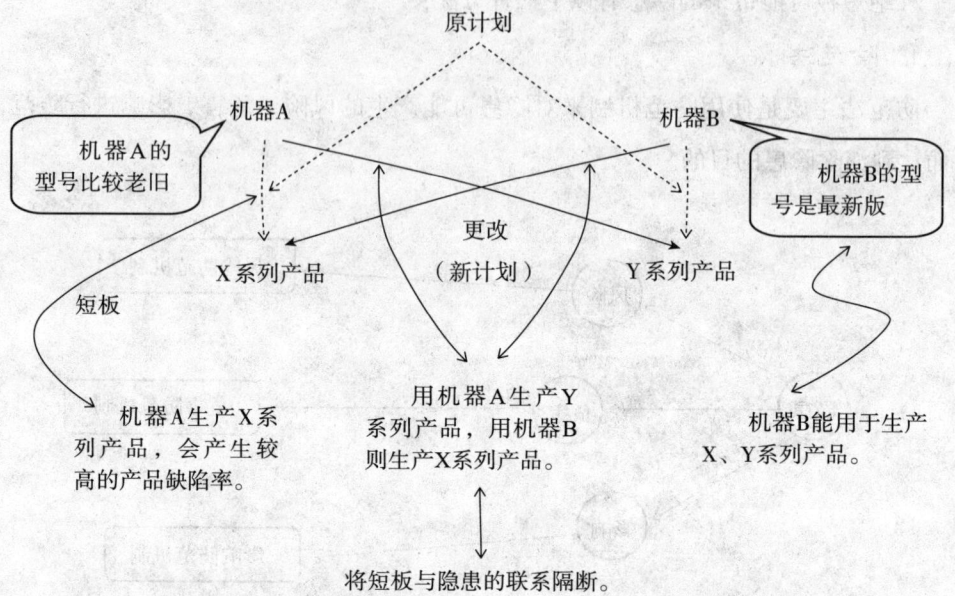

将短板与隐患的联系隔断。

杜绝隐患要注意的事项

1. 注意过犹不及

对短板的过度防范和矫正，可能会导致比原隐患更严重的隐患。

2. 注意此消彼长

不能杜绝了一个隐患而出现另一个隐患，即防止拆东墙补西墙的行为。

3. 注意经济性

不宜以过大的经济代价来消除短板带来的隐患。

4. 注意效率性

有时候最安全的做法并非最有效率的做法，需要注意平衡。

5.6 更新思路应对变化

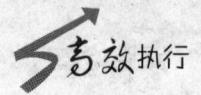

执行中通常会发生的变化

执行中通常会发生的变化有以下几种类型：

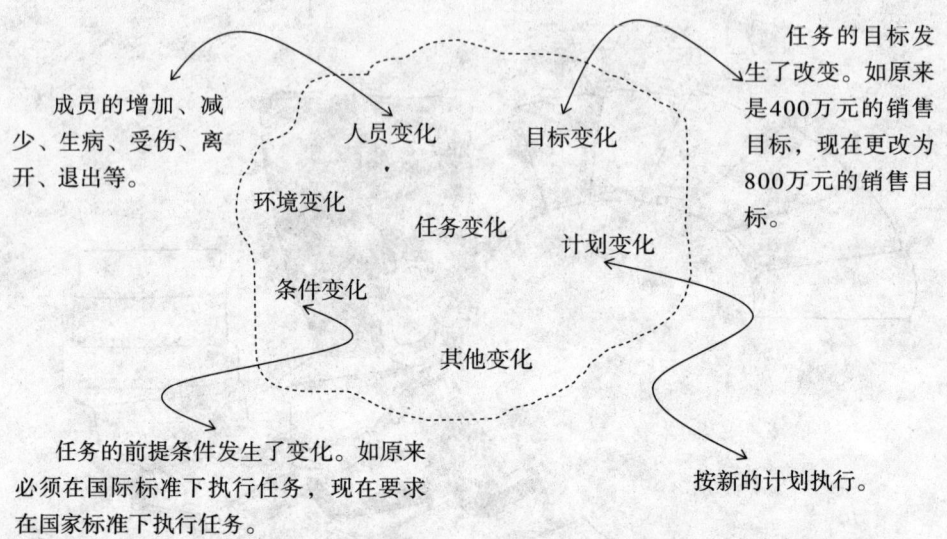

应对变化的三种思路更新

1. 思路更新——怎么想

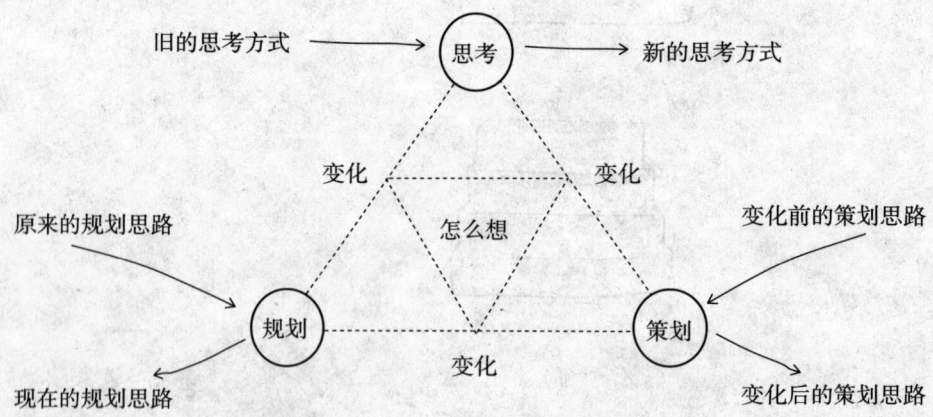

2. 思路更新——怎么看

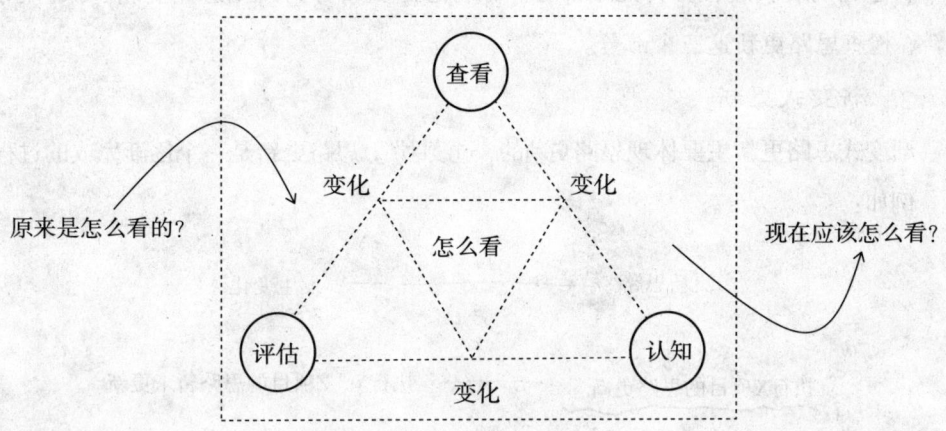

3. 思路更新——怎么做

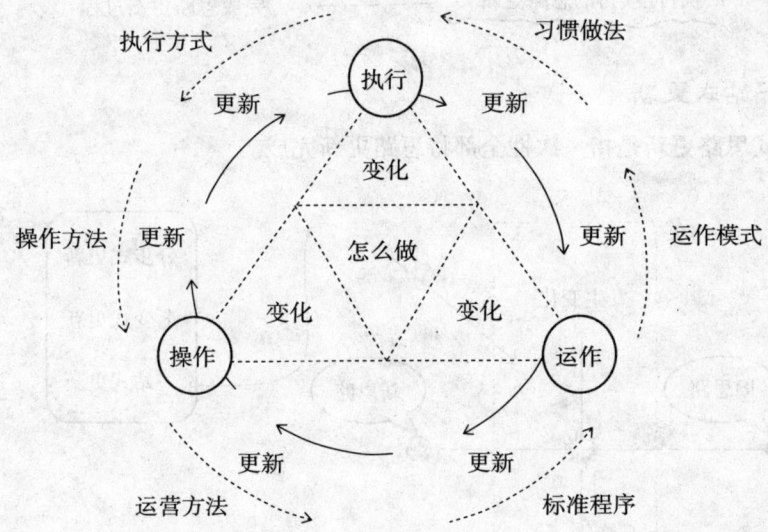

更新思路的三种方式

不同的变化，思路更新的方式不一样。以下是三种更新思路的方式。

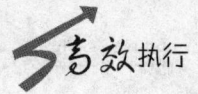

1. 分步式更新

将思路的更新过程分为几个部分。如将思路更新分为规划思路更新、执行思路更新、检查思路更新这三个部分。

2. 渐变式更新

渐变式思路更新主要体现思路更新的"过渡性",思路更新是一个逐渐完成的过程。例如:

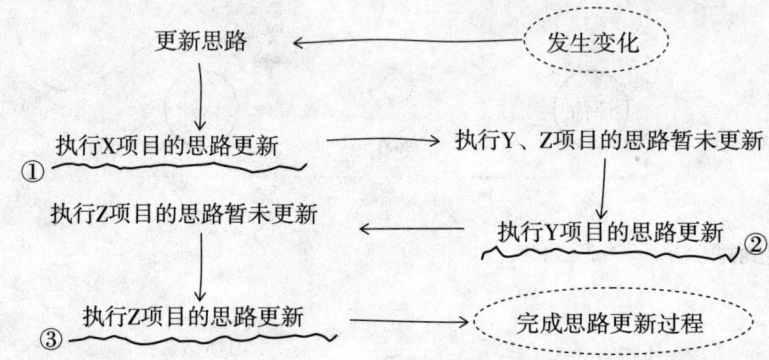

3. 一站式更新

一站式思路更新是指一次性全部将思路更新完成。

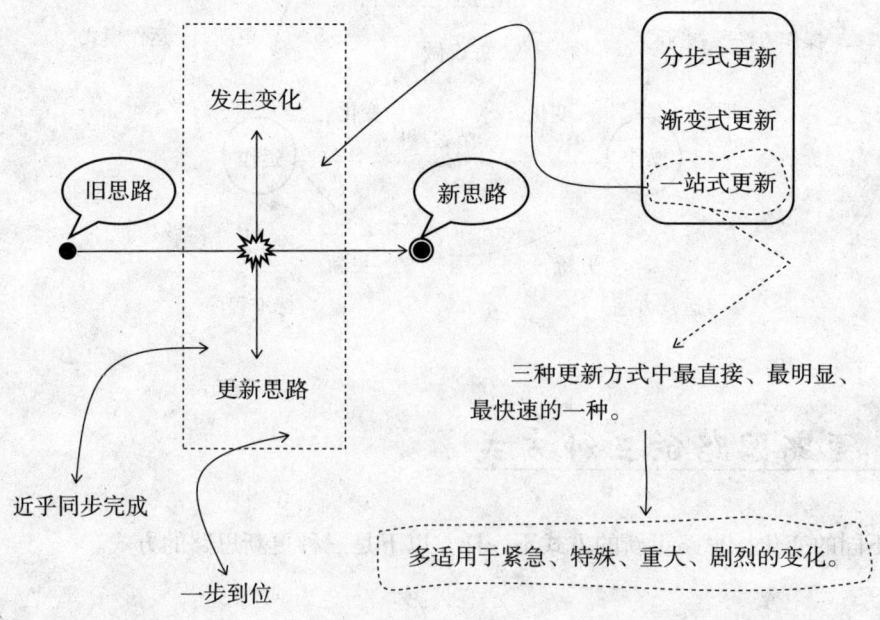

如何更新思路应对变化

可以使用以下三种方法来更新思路应对变化：

1. 以变应变

"以变应变"的使用方法如下：

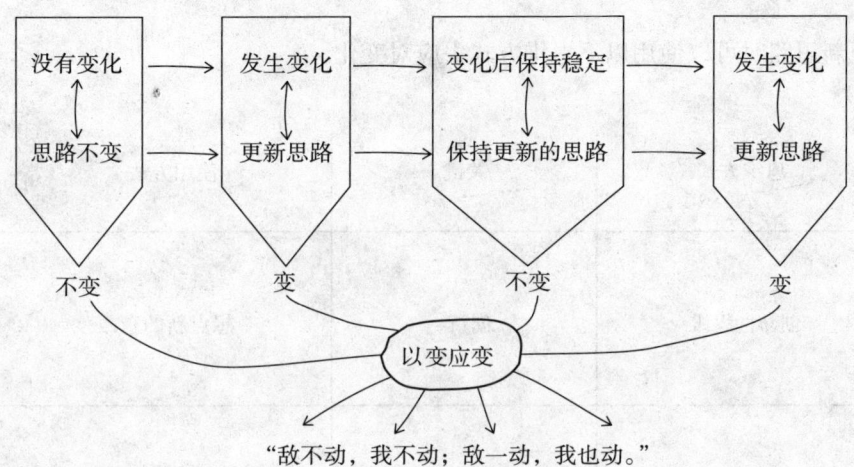

2. 以不变应万变

"以不变应万变"是指在发生某些特殊变化的情况下，在保持基本指导原则的前提下更新思路。

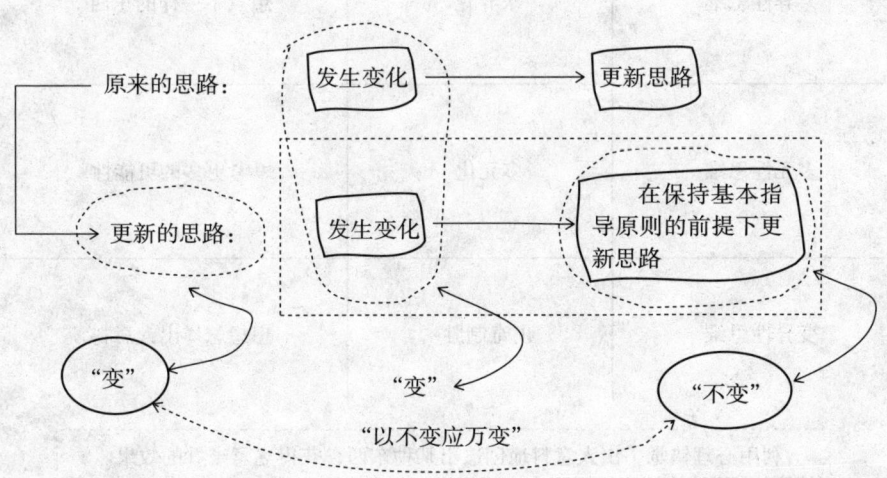

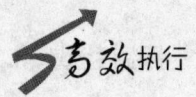

3. 随机而变

"随机而变"是指根据实际情况选择是否更新思路。有的变化需要更新思路去应对，有的变化并不需要更新思路去应对。

⚓ 更新思路可使用的思维方式

更新思路时可以使用以下思维方式去应对变化。

思维方式	关键	使用方法
创新性思维	创新	想点新的东西
逆向性思维	颠覆思考	反过去想想
差异性思维	求异化	想点不一样的东西
多元性思维	多元化	思考更多的可能性
变异性思维	出奇制胜	想想怎样出人意料

> 利用心理错觉，出人意料地创造出某种东西，获得立意奇妙的效果。

第 6 章

总结汇报

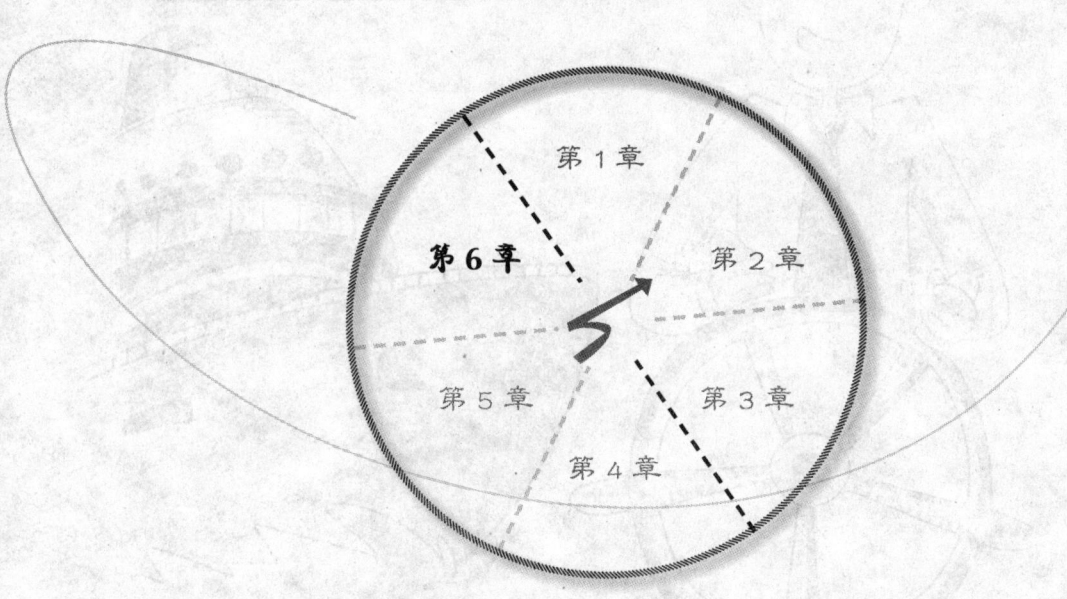

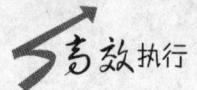

比较预期与结果

比较成本与收益

比较优势与劣势

汇总经验与教训

反思问题与障碍

给出承诺与期望

第6章 总结汇报

6.1 比较预期与结果

预期是人们执行前的规划和设想，结果是人们执行后需要面对的实际情况。对其进行比较并总结可以发现问题，继续改进。

比较预期与结果的四种方法

1. 横向比较法

横向比较法包含两个层面：同类事物和统一标准。即将同类事物的不同要素在相对统一的标准前提下进行比较。该法更倾向于对在空间上同时并存的事物的既定形态进行比较。

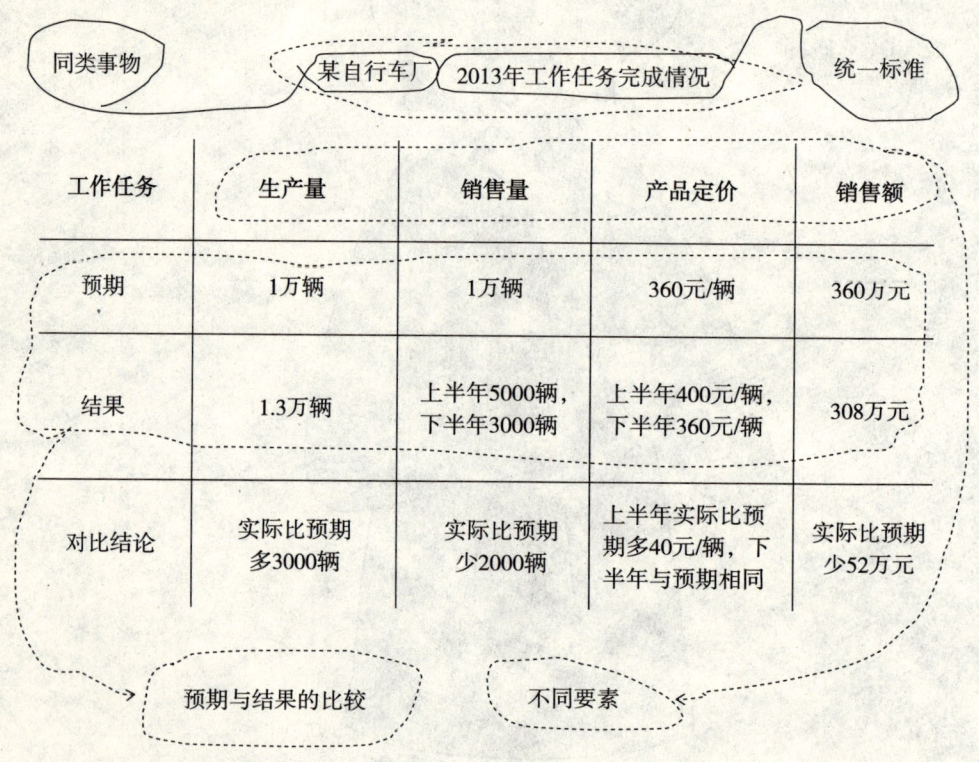

某自行车厂2013年工作任务完成情况

工作任务	生产量	销售量	产品定价	销售额
预期	1万辆	1万辆	360元/辆	360万元
结果	1.3万辆	上半年5000辆，下半年3000辆	上半年400元/辆，下半年360元/辆	308万元
对比结论	实际比预期多3000辆	实际比预期少2000辆	上半年实际比预期多40元/辆，下半年与预期相同	实际比预期少52万元

2. 纵向比较法

纵向比较法主要是从时间观念出发，对不同时期、不同阶段、不同发展层次的同类事物进行比较。

第6章 总结汇报

工作任务	2011年的销售额	2012年的销售额	2013年的销售额	
预期	280万元	300万元	372万元	不同时间
结果	260万元	310万元	400万元	预期与结果的比较
对比结论	实际比预期少20万元	实际比预期多10万元	实际比预期多28万元	

标注：同类事物 · 某自行车厂不同年份工作任务完成情况 · 统一标准

3. 全面比较法

全面比较法也就是要求人们在汇报总结时，对同一工作任务的预期目标和结果的各个同类项都进行比较，然后才得出相应的结论。

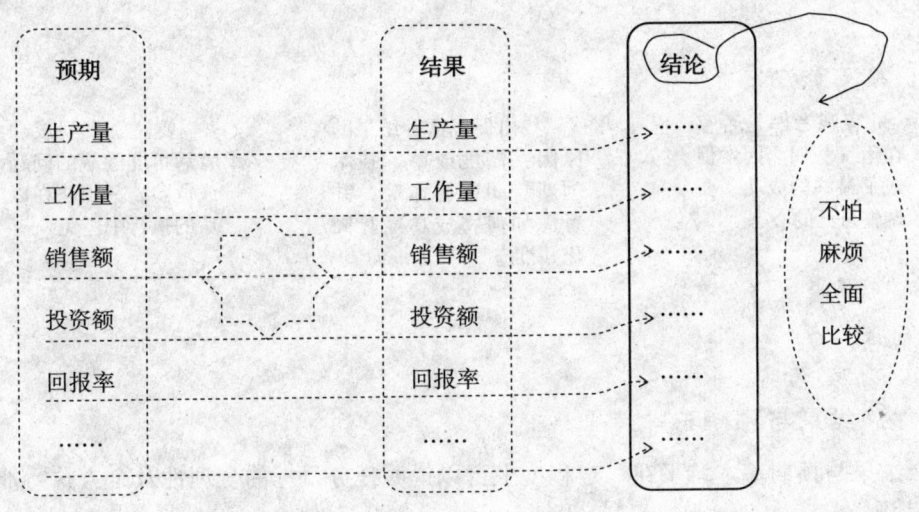

4. 重点比较法

重点比较法也就是说比较不同事物时可以选择关键点或重点内容进行比较。这种方法的优势很明显，一方面可以节约时间，提高工作效率；另一方面可以减少出错率。

比较预期与结果的三种情况

无论是运用哪种方法去比较预期和结果，大致会面临三种情况：结果大于预期、结果与预期基本持平和结果小于预期。

1. 结果大于预期

结果大于预期在一定程度上可以体现执行能力，但收获完美的结果并不代表可以不用总结。

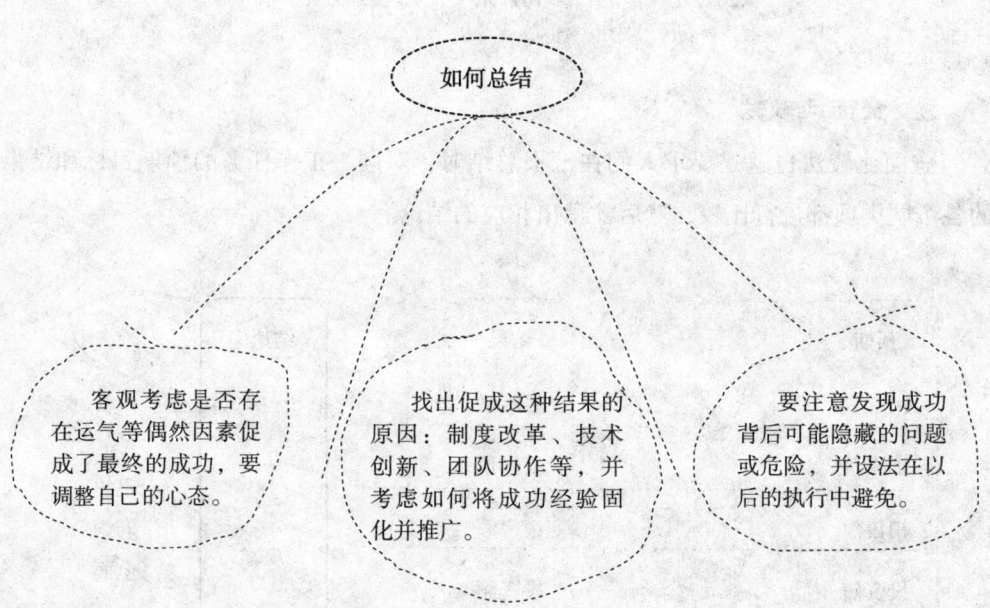

2. 结果与预期基本持平

结果与预期基本持平在一定程度上可以说明任务目标的合理性及个人执行能力的匹配性。面对这种情况需要总结日后提升及改善的可能性。

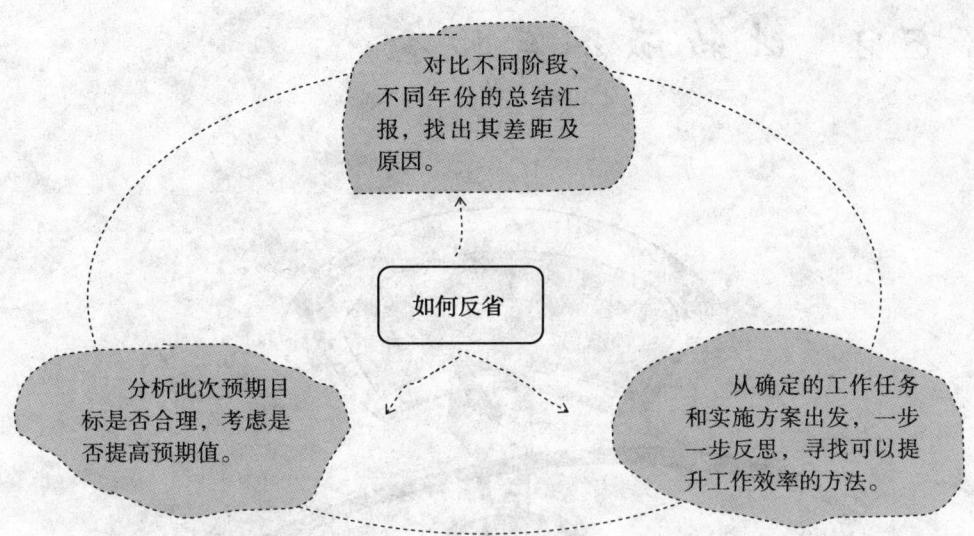

3. 结果小于预期

也许所有人都很难面对结果小于预期的实际情况,但这更需要人们痛定思痛之后的总结和反思,进而寻找相关原因,寻求补救措施。

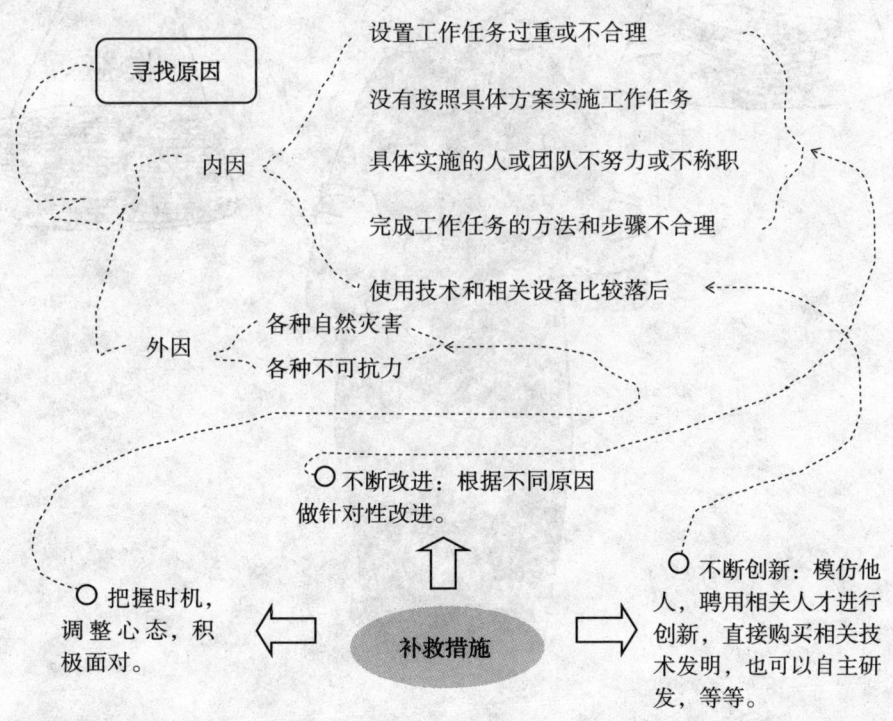

6.2 比较成本与收益

成本与收益的关系

要想运用比较成本与收益的方式去总结汇报日常工作,首先需要明白成本与收益之间的相互关系。它们之间的关系可以用一个等式表示,即收益 = 利润 + 成本。

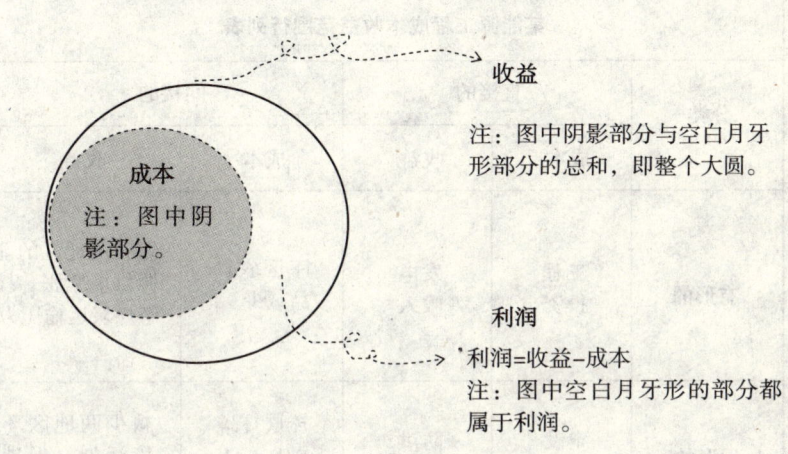

成本
注:图中阴影部分。

收益
注:图中阴影部分与空白月牙形部分的总和,即整个大圆。

利润
利润=收益-成本
注:图中空白月牙形的部分都属于利润。

比较成本与收益进行总结的两种方法

1. 利润分析法

利润分析法就是把需要完成的工作任务按照成本与收益进行分类总结,然后把所得收益减去成本得出利润,最后根据利润多少判断工作任务完成情况。一般情况下,利润可分为三种情况:正数、零、负数。

利润	正数	零	负数
工作任务完成情况	表明收益大于成本,任务完成很好,需保持	表明收益等于成本,刚好完成任务,需努力	表明收益小于成本,没有完成任务,需放弃

2. 图表分析法

图表分析法就是把需要完成的工作任务按照成本与收益的总结形式归纳后，使用图表的方式把总结归纳的东西展现出来。展现图表的形式一般有五种，包括流程图、圆饼图、树形图、点图和行列表。

某能源工程成本收益范围行列表				
分类	直接的		间接的	
	成本	收益	成本	收益
有形的	工程投资	发电收入	库区农产品减少	缓和两地区的能源供应紧张，缓解煤炭运输压力
无形的	淹没资源	防洪航运	库区环境破坏、人防、防震	减少两地区环境污染，促进库区旅游发展

行列表的主要特征就是可以同时从两个角度观察事物（如从直接的和有形的两个角度观察成本和收益，从间接的和无形的两个角度观察成本和收益），使表达内容一目了然。

比较成本与收益的注意事项

运用成本与收益方式总结汇报工作时，应该注意以下三点：

（1）成本并非越少越好。

（2）收益也不是越大越好，因为收益越大意味着风险也就越大。

（3）需要把成本和收益控制在合理范围内，才有利于长期获得可观的利润。

6.3 比较优势与劣势

——尽观优劣高低，才能游刃有余。

 比较优势与劣势的三个方面

1. 自身方面

工作任务完成后，可以通过比较自身优劣势的情况进行概括总结。这样做有利于人们全面客观地认识自己，进而重新准确定位。

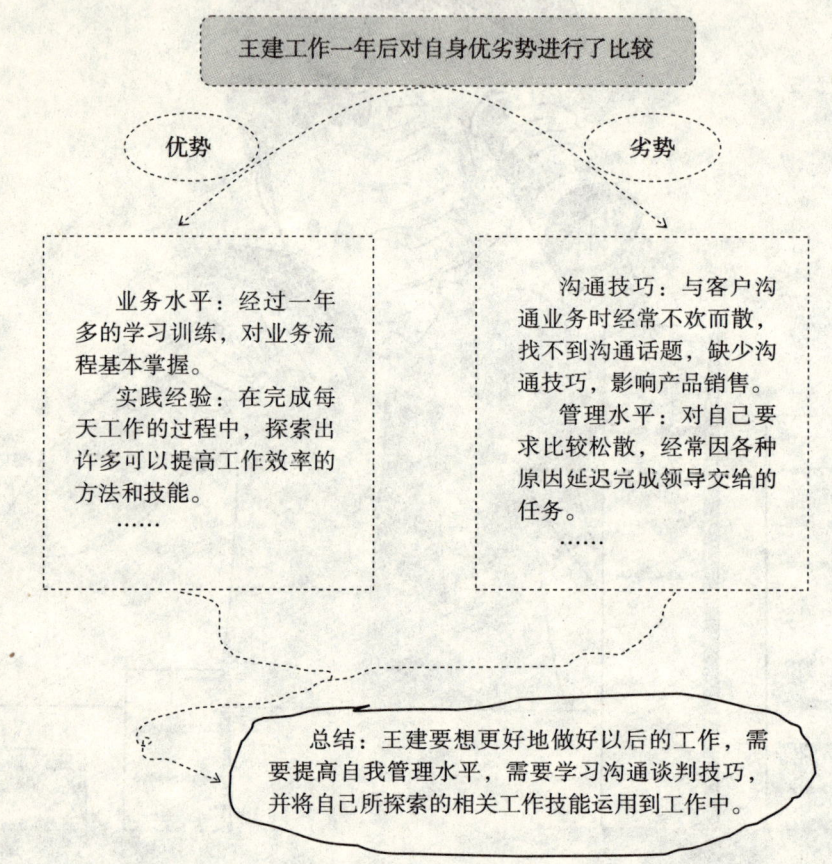

2. 执行任务方面

每项工作任务完成后，可以通过对具体执行任务优劣势进行分析比较得出相关经验或教训。这些经验或教训可以帮助任务执行者在未来的工作中避免出现相同问题，进而提高工作效率。

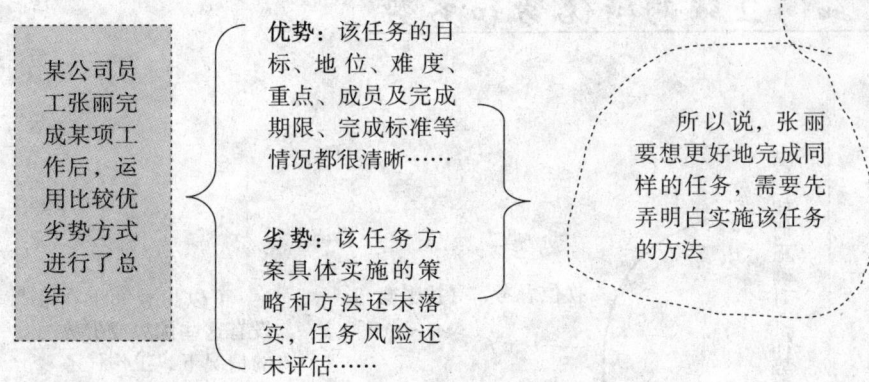

3. 项目方面

通过对已经完成项目的优劣势进行对比,有利于人们从宏观上把握和判断该项目的完成质量,进而找出执行过程中出现的问题,以防以后重犯。

比较	优势	劣势
已经完成的项目	资金:该项目资金比较丰厚,有利于公司扩大规模 技术:该项目研发和科研团队较强,有利于产品创新和改进	产业:该项目属于劳动密集型产业,不利于在人工成本较高的大城市发展 市场:该项目所生产的产品属于新产品,开拓销售市场难

总结:通过比较可知,以后再想做类似项目时,需要做好三点:招聘更多销售精英,做好产品销售工作;把更多资金用于产品宣传方面,扩大产品影响力;加强公司物流建设,加快产品流通速度。

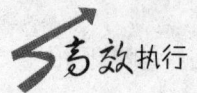

 如何正确对待优势和劣势

如何正确对待优势和劣势

换位思考，寻找平衡

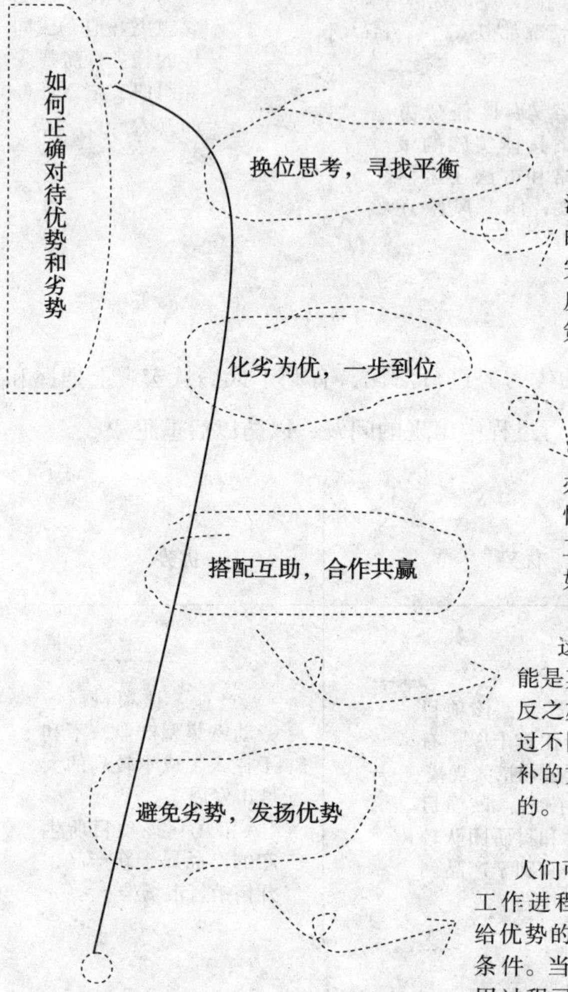

可以想象如果在没有这些优势或劣势的情况下，工作任务完成情况如何，通过反复对比，寻找最优策略。

化劣为优，一步到位

人们可以想各种办法，让事物的劣势慢慢变成有利于完成工作任务的优势，比如改革或创新等。

搭配互助，合作共赢

这个事物的劣势可能是其他事物的优势，反之亦然。这样可以通过不同事物之间优劣互补的方式，达到共赢目的。

避免劣势，发扬优势

人们可以直接把影响工作进程的劣势去掉，给优势的更好发挥提供条件。当然，此法的运用过程可能很艰难，但是效果却是非常显著的。

6.4 汇总经验与教训

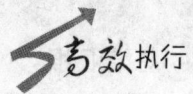

在执行每项任务的过程中，人们都可能会尝到苦涩的教训，也会收获丰富的经验，这些都是执行下一次任务的财富。不及时对其进行汇总的话，这些经验、教训都可能会成为"沉没的成本"。

 汇总经验教训的两种方法

1. 实践总结法

实践总结法就是要求人们在完成工作任务后，根据成功案例或在此过程中的体会和感受总结相关工作经验；相反，根据失败案例或在此过程中遇到的问题和障碍总结相关教训。

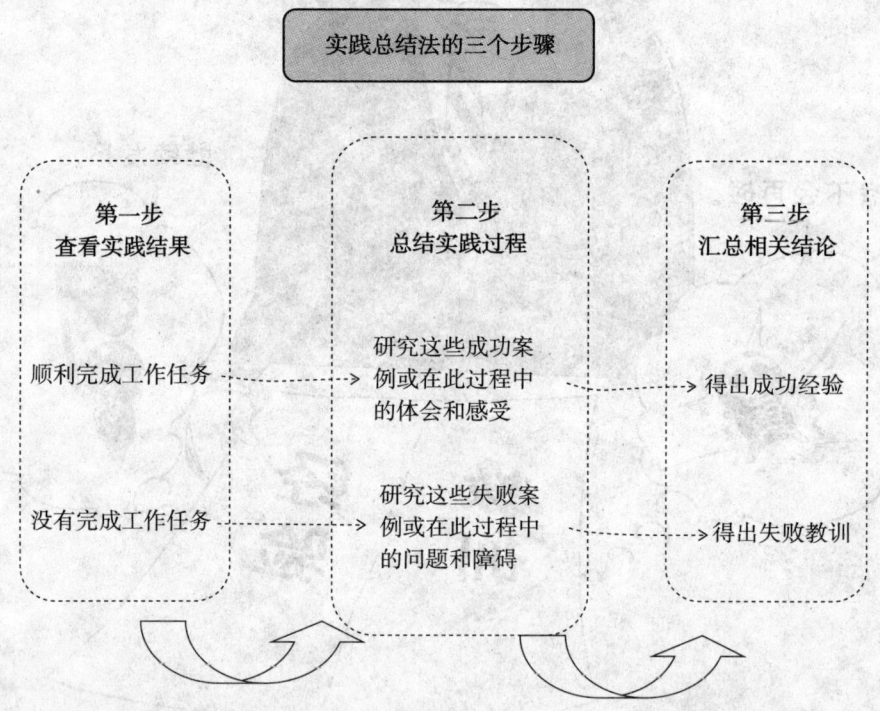

2. 提炼加工法

在对已完成的工作任务进行深入研究和反思后，人们可以从偶然中找出必然，

第6章 总结汇报

透过现象把握本质，进而可以由此及彼、由表及里地对经验和教训进行提炼和加工。

汇总经验教训的四个步骤

第一步 事实描述
客观真实地描述完成工作任务的全过程。

切勿为了好看、好听、好记而做不真实的记录。切勿为了逃避责任而只讲客观不讲主观。切勿为了邀功讨好而把小说成大，把没有说成有，把正在做说成已完成。

第二步 原因分析
工作任务完成过程中，取得过哪些成绩和受过何种奖励？遇到过哪些问题或障碍？针对这些成绩和问题分析其产生的原因。

总结经验是用来指导实践、推动工作的，需要有一说一、有二说二。

第三步 进行汇总
针对成绩取得的原因寻找方法技巧，得出成功经验；针对问题产生的原因寻求解决方案，进而总结失败教训。

第四步 固化模式
把成功经验和失败教训转化为指导工作的行动指南，并将其运用到工作中。

· 取得成绩需要：趁热打铁、及时总结，做到再接再厉。
· 犯了错误需要：亡羊补牢、及时反思，避免重蹈覆辙。

注意事项：总结经验教训需要做到对成绩不夸大、对错误不回避，全部出于公心，克服杂念，实事求是。

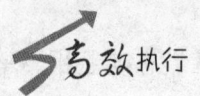

6.5 反思问题与障碍

第6章 总结汇报

人们在总结汇报工作时，总会遇到许多问题与障碍。这时需要好好反思这些问题产生的原因究竟是什么，然后对症下药找出解决方案。

可能遇到的问题与障碍有哪些

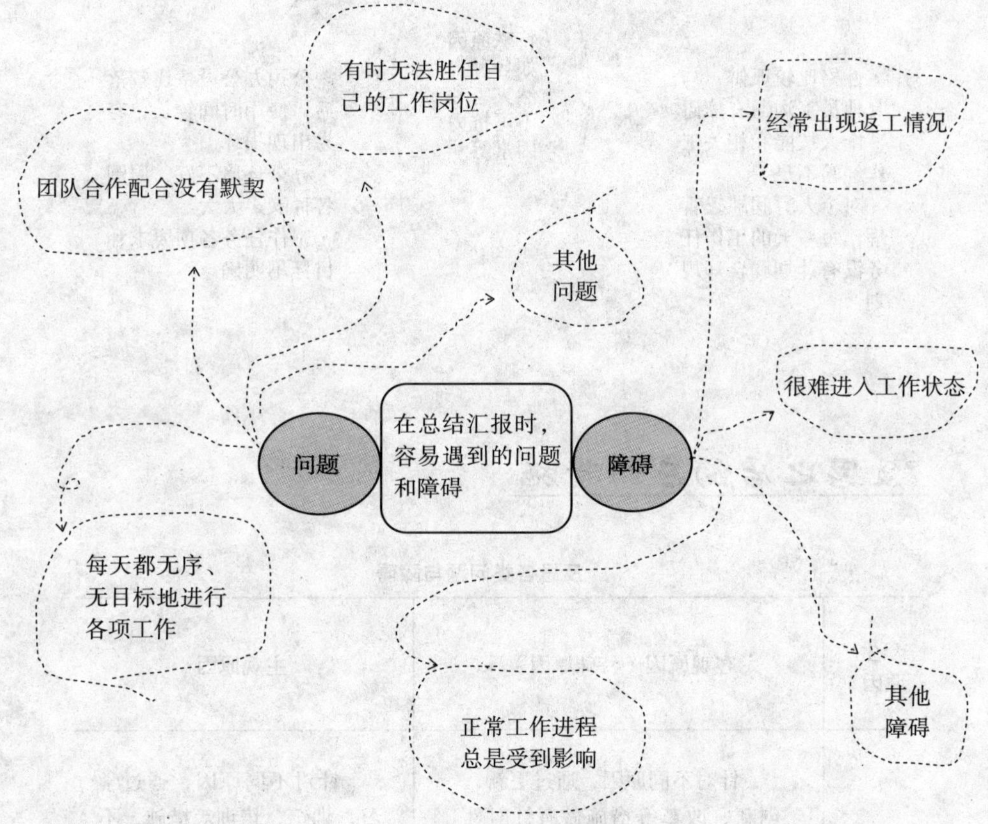

- 有时无法胜任自己的工作岗位
- 经常出现返工情况
- 团队合作配合没有默契
- 其他问题
- 很难进入工作状态
- 问题
- 在总结汇报时，容易遇到的问题和障碍
- 障碍
- 每天都无序、无目标地进行各项工作
- 正常工作进程总是受到影响
- 其他障碍

反思问题与障碍产生的原因

产生各种问题或障碍的原因有很多，大致可以归纳为以下三类：

◆ 主观原因。

◆ 客观原因。

◆ 特殊原因。

177

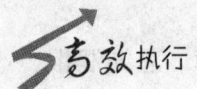

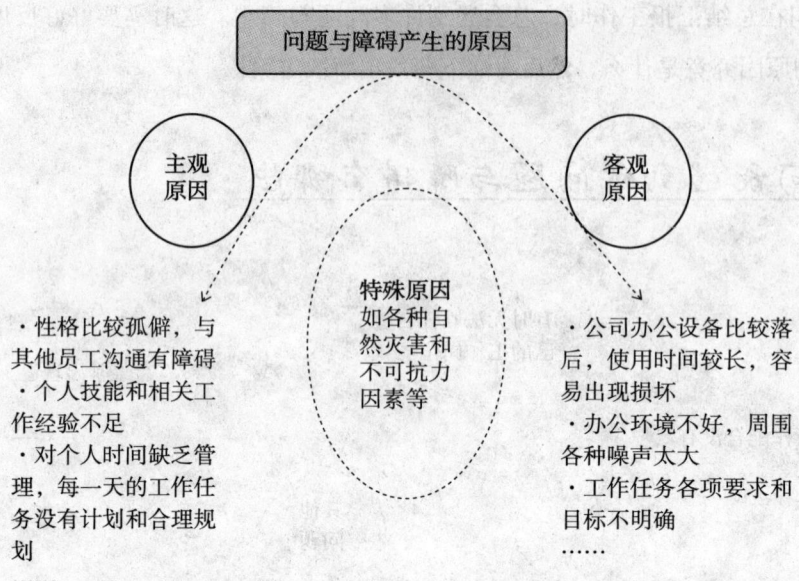

 反思之后的应对措施

反思各类问题与障碍

产生原因	客观原因（特殊原因）	主观原因
具体做法	针对不同原因，通过更新、创新、改革等措施做有针对性的改进 比如可以通过更新办公设备来提高单位时间内的工作量。同时也可以避免因损坏维修浪费时间，进而耽误工作完成的进度	针对不同原因，通过学习、训练、培训等措施，不断改变自己的劣势 比如可以通过学习沟通技巧来缓解人际关系和团队合作中出现的各种问题

6.6 给出承诺与期望

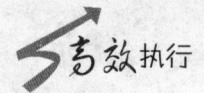

 汇报工作时如何做出承诺

1. 结合工作总结给出承诺

在汇报工作时,要在参考自己工作情况的统计与总结的基础之上,给老板一个合理的承诺。这个承诺可以略高于上次或以前的统计情况,切勿为了讨好领导而提出脱离实际的承诺。

2. 结合其他员工的总结给出承诺

同一公司不同员工完成工作任务的情况不同,可以在不同员工的平均值以及业绩最好的员工两个标准的基础上做出承诺。一般情况下,做出的承诺区间在平均值与最高值之间是比较合理的。

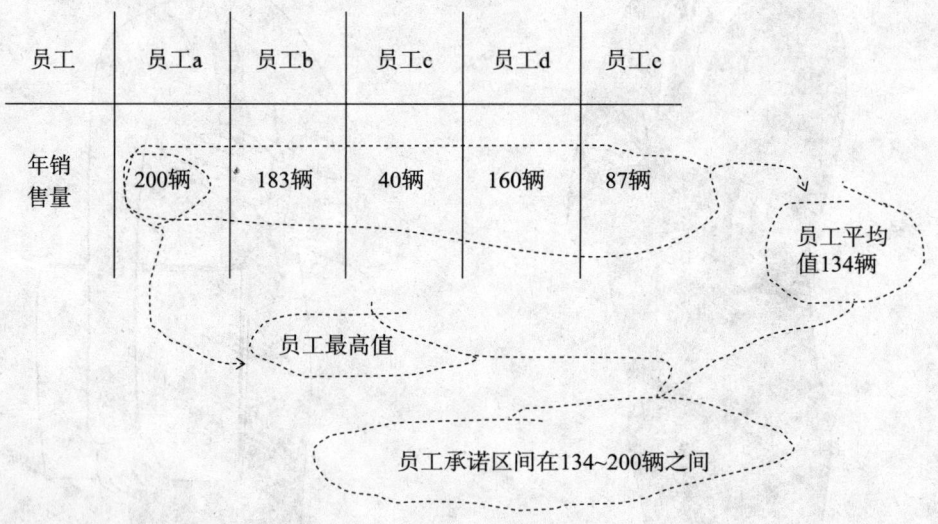

某汽车销售公司五名销售人员2013年销售汽车总量统计表

员工	员工a	员工b	员工c	员工d	员工e
年销售量	200辆	183辆	40辆	160辆	87辆

员工平均值134辆

员工最高值

员工承诺区间在134~200辆之间

3. 结合领导期望给出承诺

领导对每个工作任务的期望值是不一样的。一般情况下,领导都希望员工给出的承诺恰好与自己的期望相符,或者高出自己的期望。

第6章 总结汇报

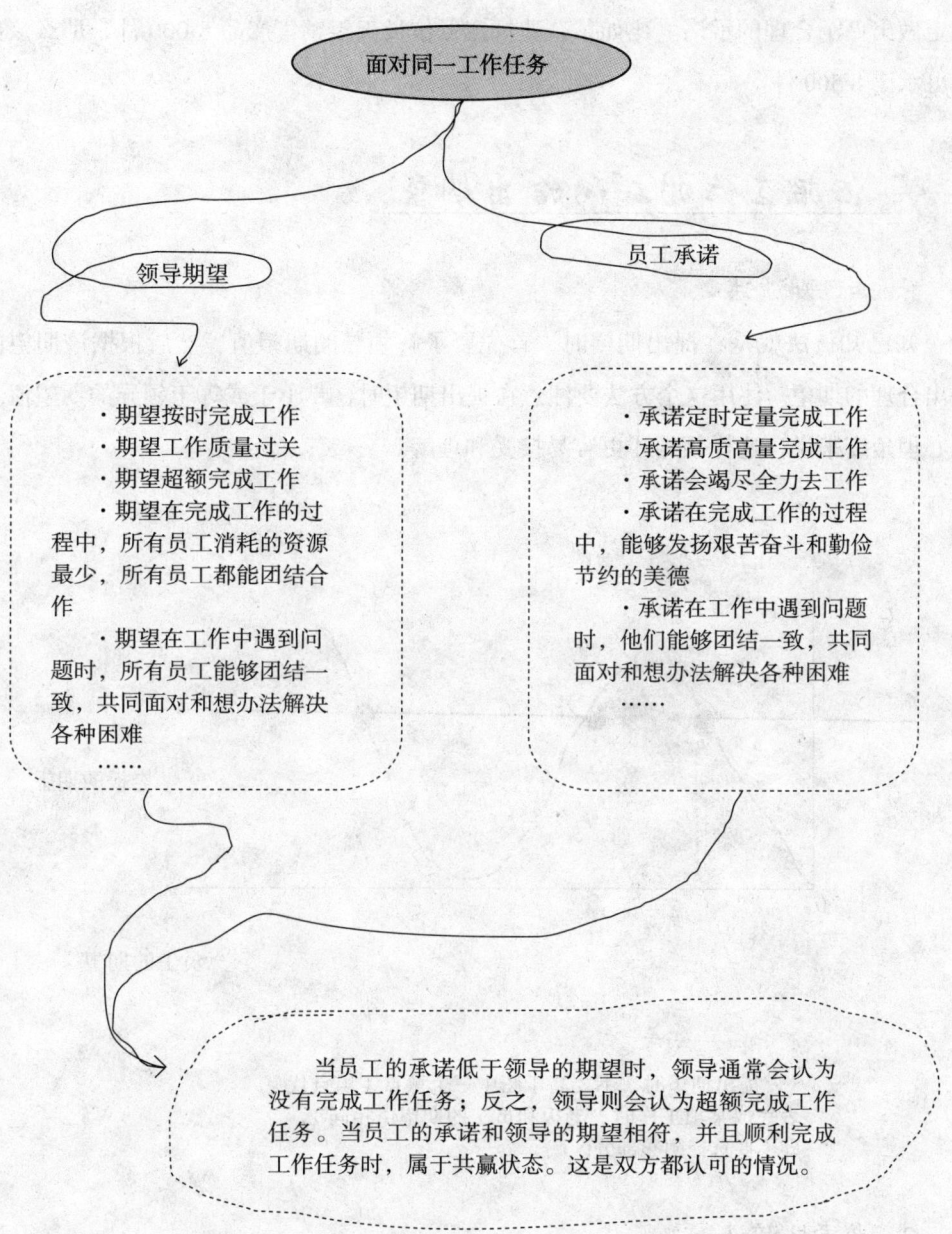

4. 结合企业情况给出承诺

每个企业对于员工以及执行结果的要求不一样，人们可以根据所在企业的制度

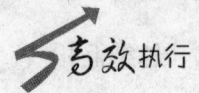

规定做出一个合理的承诺。比如某企业规定每位员工年销售产品 8 000 件，那么该员工可承诺 8 500 件。

 汇报工作时如何给出期望

1. 知己知彼法

知己知彼法就是在提出期望时，首先要了解领导的期望值，然后根据该期望值提出合理的期望。使用这个方法要注意在提出期望时，要小于或等于领导的期望值。从心理角度来说，这样领导才更容易接受和理解。

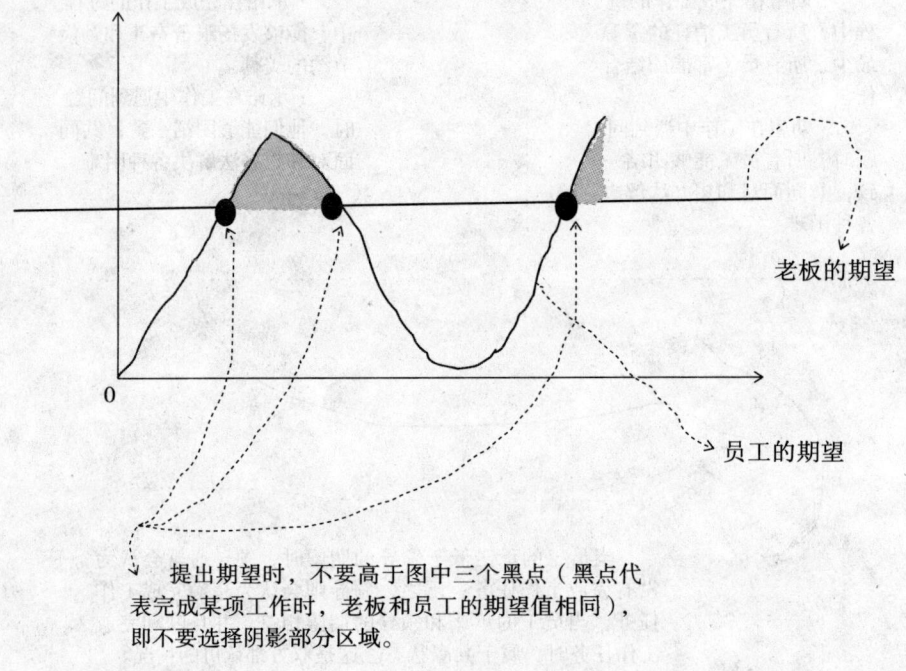

提出期望时，不要高于图中三个黑点（黑点代表完成某项工作时，老板和员工的期望值相同），即不要选择阴影部分区域。

2. 参考比较法

使用参考比较法可以根据以往完成工作任务的总结情况，提出自己的期望。该法一般要求给出的期望值等于或高于以往完成工作任务的情况。